KB253291

운명을 바꾸어 주는 9up 리더십

9UP 자기 혁명

운명을 바꾸어 주는 9UP 리더십

9UP 자기혁명

초판 1쇄 ㅣ 2006년 7월 10일
초판 2쇄 ㅣ 2006년 7월 15일

지은이 ㅣ 전도근 외 3인
펴낸이 ㅣ 채주희
펴낸곳 ㅣ 해피&북스
출판등록 ㅣ 제 10-1562호(1985.10.29)
주소 ㅣ 서울특별시 마포구 합정동 433-62
전화 ㅣ 02-323-4060, 02-322-4477
팩스 ㅣ 02-323-6416, 080-088-7004
이메일 ㅣ elman1985@hanmail.net

ISBN 89-5515-331-7 03810
*책 값은 뒷표지에 있습니다.

9UP 자기 혁명

전도근 | 박희재 | 이창호 | 주정언 지음

해피&북스

　　인간은 무한한 가능성을 가지고 태어나지만, 그 능력 중에서 평생 2-10% 정도만 사용할 뿐이라는 사실은 이미 많이 알려져 있다. 뇌를 연구하는 사람들에 따르면 인류 역사상 뇌를 가장 많이 사용한 과학자 중의 한 사람으로 간주되는 아인슈타인도 10%를 넘지 못했다고 한다. 결국 인간은 평생 5~10%의 능력만을 사용하고 나머지 90% 이상의 잠재능력으로 사장된다는 것이다. 모든 사람은 자신의 능력 중에서 빙산의 일각만을 사용한 채 세상을 떠나가기 때문에 이제까지 자신에게 주어진 잠재능력의 한계점까지 도달한 사람은 아무도 없는 것이다. 이처럼 잠재능력은 겉으로 드러나지 않고 속에 숨어 있는 힘을 의미한다.

　　잠재능력은 평소에는 내재되어 있다가 위급한 상황에 다가가면 나타나기도 한다. 예를 들면 실제 평소에는 나약했던 엄마도 아이가 트럭에서 깔리자 트럭을 들어 올렸듯이 평범한 사람도 순간적인 집중력을 가지면 평소보다 더 많은 잠재력을 표출해 낼 수 있다.

　　이렇게 초인적인 잠재력이 왜 평소에는 나타나지 않는 것인가? 그것은 집중력이 없기 때문이다. 다급할 때는 오직 그 문제를 해결해야 하겠다는 강한 집중력이 있는 반면에 평상시에는 다양한 외부 환경에 의하여 집중력이 떨어질 뿐만 아니라 장애요인까지 생기기 때문에 잠재력은 고사하고 가지고 있는 능력마저도 제대로 활용하지 못하는 경우가 많다.

종합해 보면 세상을 살아가는데 잠재능력을 얼마나 사용했는지가 성공의 관건이 된다고 할 수 있다. 결국 성공의 목표가 사람에 따라서 다양할지라도 그 성공에 이르게 하는데 잠재능력은 누구에게나 중요한 것이라 할수있다.

인류 역사에 위대한 발자취를 남긴 사람들은 대부분이 자신의 잠재능력을 발굴하여 노력한 사람들이다. 우리는 여기에서 누구나 잠재능력만 개발한다면 성공할 수 있다는 진리를 발견할 수 있다. 다만 사람들이 그 방법을 몰라서 성공을 경험하지 못할 뿐이라는 것이다. 이 책에서는 자신의 잠재능력을 발견하지 못하여 성공에 이르지 못하거나, 2% 부족하여 성공에 대한 갈증을 느끼는 사람들에게 도움이 되고자 한다. 그래서 책의 제목도 평생 10% 밖에 못 쓰고 있는 나머지 90% 잠재능력을 개발할 수 있다는 의미에서 9up 자기혁명 이라고 하였다.

9는 10을 기다리는 숫자란 측면이 강하다. 그래서 9번 실패는 성공을 위한 실패의 과정을 상징적으로 표현하는 뜻으로 자주 쓰인다. 그래서 9는 1번의 성공을 위한 실패의 뜻이며, 실패를 통해 배우는 과정이기도 하다.

9는 리더십과 직원의 유형을 분류하는 에니어그램(Enneagram)의 숫자이기도 하다. 그리스어로 아홉을 의미하는 'ennea'가 포함된 이 말은 사람을 아홉 개의 유형으로 나눠 이들의 장점, 단점을 분류해 적합한 리더십 방향을 제시하는 데도 쓰인다.

이 책은 자기의 잠재력을 발견하여 창조적인 노력이 가능하도록 습관으로 굳힐 수 있는 실천 가능한 10가지 분야의 자신을 혁신할 수 있는 방법을 제시하였다. 이를 통해서 자신의 장점을 개발하여 자신의 잠재능력에 대한 경외감을 고취시켜 항상 창조적인 노력을 강화하고서, 또한 이것들로 하여금 욕망이 물리적 또는 구체적인 목표로 전환시키는 매개체로써의 가능성을 제공하고자 노력하였다.

이 책은 새로운 출발을 앞둔 사람들에게, 성공을 꿈꾸는 사람들에게, 성공적인 리더로서 부하직원의 능력을 향상시켜 성공하는 기업으로 혁신하고자 하는 사람들에게, 나약한 심성을 가진 사람들에게 무한한 가능성이 자신에게 있다는 사실을 자각하는데서 출발함으로 개인의 성공을 도와주는 역할을 수행했으면 한다.

잠재능력을 깨워주는 9up 자기혁명은 자기의 노력여하에 따라 자발적으로 잠재능력을 불러내어, 잠재의식을 바탕으로 모든 부정적인 생각들을 극복하고, 끊임없는 도전정신으로 자신의 성공의지에 여러 가지 자극제와 욕망을 심어 줌으로써, 보다 긍정적인 충동과 사고충동의 형태를 창조해 나갈 수가 있다.

대기업이나 중소기업의 CEO는 직원들과 함께 성공하기 위하여 직원들의 잠재능력에 관심을 가져야 한다. 그러기 위해서는 먼저 최고경영자 자신이 잠재능력에 대해 눈을 떠야 한다. 자신에게 무한한 잠재능력이 있다는 사실을 인정하고 잠재능력을 개발하기 위하여 솔선수범하여야 한다. 이렇게 할 때 엄청난 가능성을 바탕으로 조직의 비전을 도출해 낼 수 있다. CEO는 직원들보다 높은 잠재능력을 실현하여 직원들의 잠재능력을 흔들어 깨움으로써 조직의 역량은 강화할 수 있는 것이다. 조직원들은 리더의 비전을 미리 볼 수 있을때 생동감을 띠게 된다.

9up 리더십을 통한 잠재능력의 개발은 이처럼 본인의 의지에 달려 있으며, 성공에 이르게 하는 힘이 된다. 그러나 잠재능력을 발견하였다고 하더라도, 그것을 구체적인 전략으로 전환시키지 못하거나 실천하지 못한다면 자신의 가능성만을 발견하고 성공에는 이르지 못한다는 것을 분명히 깨달아야만 할 것이다.

저자일동

제3장 Speech

성공하려면 커뮤니케이션 리더가 되어야 한다.

제4장 Network

인맥이 리더의 경쟁력을 좌우한다.

제5장 Moral
윤리가 성공을 오랫동안 유지한다.

제6장 Challenge
도전이 성공을 앞당긴다.

제10장 Health

건강을 잃으면 성공의 의미가 없다.

제1장 Leadership
내안에 잠든 잠재능력을 깨워라

리더가 되기 위한 전략

리더십이란 원래 우리말로 지도력, 통솔력, 지휘력 등으로 번역되어 사용되고 있다. 리더는 한 개인이 다른 구성원에게 이미 설정된 목표를 향해 정진하도록 영향력을 행사하는 것을 말한다.

성공을 위한 리더십을 수립하기 위해서는 첫째는 자신에게 맞는 리더의 유형을 알아야 하며, 둘째는 성공의 의미에 대한 정확한 개념 정의가 필요하며, 셋째는 리더로서의 역량을 보유하였는지, 넷째는 실천 전략을 세워 실천하여야 한다.

다음은 리더가 되기 위해 자신의 가능성을 진단해야 할 사항들이다.

요소	하위요소	진단 사항
리더십	1. 자신에게 맞는 리더의 유형	○ 나는 어떤 유형의 리더십에 맞는가? ○ 리더십을 가지기 위해서 내가 필요한 것은?
	2. 성공의 의미에 대한 개념 정의	○ 나는 성공의 의미를 어떻게 규정하는가? ○ 내가 갖고자 하는 성공은 무엇인가?
	3. 리더로서의 역량을 보유	○ 나는 영향력을 가지고 있는가? ○ 나는 포기에 대한 빠른 판단 능력을 가지고 있는가? ○ 나는 변화와 혁신의 능력을 가지고 있는가? ○ 나는 능력을 발휘할 줄 아는가? ○ 나는 강인함을 가지고 있는가? ○ 나는 트렌드를 읽을 수 있는가? ○ 나는 긍정적인 사고를 가지고 있는가? ○ 나는 영향력을 가지고 있는가?
	4. 실천 전략	○ 잠재능력을 사용할 수 있는가? ○ 리더가 되기 위해 부단한 노력을 할 수 있는가?

리더십이란 무엇인가?

리더십이란 말은 21세기 들어오면서, 화두가 된지 오래이다. 그래서 사회의 각 분야에서 리더십에 대한 관심이 날로 높아져가고 있다. 미국의 한 연구 조사에 의하면 직장인으로서 가장 필요한 부분에 1위를 차지한 분야가 리더십이라고 한다. 우리나라 대학생들에게서도 가장 필요한 것을 리더십이라고 하였다. 도대체 리더십이 무엇이길래 이처럼 리더십을 필요로 할까?

리더십이란 원래 우리말로 지도력, 통솔력, 지휘력 등으로 번역되어 사용되고 있다. 일반적으로 리더십은 한 개인이 다른 구성원에게 이미 설정된 목표를 향해 정진하도록 영향력을 행사하는 과정으로 정의하고 있다. 좀 더 자세히 보면 리더십은 리더로서 조직의 목표를 달성하기 위하여 성공에 대한 적극적인 강화(positive reinforcement), 목표설정(goal setting), 조직관리(managing group relation) 등에 관한 실제적이고 효과적인 활동을 말한다.

즉, 리더십이란 목표를 제시하고, 이 목표에 대해 구체적으로 설명하고 왜 이 목표를 달성해야 하는가를 의사소통을 통해 설득하고 납득시키며, 리더 자신이 그 목표달성을 위하여 솔선수범하여 열심히 일하는 것을 의미한다.

이처럼 리더십은 오늘날 사회라는 조직 속에서 살아가기 위하여 매우 필요한 요소가 될 수밖에 없다. 나아가 조직의 목표를 달성하기 위해서는 조직의 리더가 구성원들에게 영향력을 발휘하여 그들이 조직 목표달성에 공헌할 수 있도록 사기를 높이고, 그들의 잠재 능력을 활성화시킬 수 있는 리더십 기술의 중요성이 증대되고 있는 것이다.

따라서 리더십은 조직의 목표를 달성하기 위한 지도자로서의 역할이기도 하고 솔선수범하는 리더로서 자신을 발전시키기 위한 행동목표라고 할 수 있다. 다른 사람들이나 조직을 효과적으로 리드하기 위해서는 자신을 먼저 리드할 줄 알아야 한다. 자신의 유일한 리더는 자기 자신밖에 없다. 이러한 의미에서 요즈음 셀프 리더십을 중요시하고 있다. 셀프 리더십은 우리 스스로 자신을 리드하여 참된 자신의 리더가 되는 것을 실현시키는 것이다. 셀프 리더십은 스스로에게 영향을 미치는 과정이다.

문제는 이 리더십의 역량이 모든 사람들에게 공평하게 주어지지 않았다는 것이다. 어떤 사람은 자라난 환경 속에서 리더십이 높은 반면에 어떤 사람은 전혀 리더십이 없는 경우가 많다. 리더십이 넘치는 사람은 사회를 살아가는데 문제가 없지만 리더십이 부족한 사람은 사회를 살아가는 것은 물론 적응하는데도 어려움을 겪는다. 따라서 리더십이 부족한 사람들은 리더십을 개발하고 연마하여 자신의 리더십을 갖추기 위한 노력을 아끼지 않고 있다.

리더십은 타고난 재능이나 유전적인 영향을 받기 보다는 계속해서 발전되고, 타고난 능력과 환경의 영향 아래 습득된 기술의 조합이라고 해야 할 것이다. 타고난 능력에 습득된 기술이 첨가되면 리더십은 급격히 상승된다. 그러나 리더십의 역량을 강화하기 위한 기술을 습득하는 것은 자연적으로 시간이 지나면 주어지는 것이 아니라, 스스로에게 지속적으로 성공의 동기를 부여하지 않으면 안된다.

따라서 리더십은 후천적인 동기와 노력의 영향을 더 받으므로 노력여하에 강력한 리더십을 가질 수 있다는 것을 의미한다. 실제로 우리의 역사 속에서도 바보 온달과 평강공주의 예가 그러한 사실을 증명한다. 리더십이 없을 뿐더러 사회에서 손가락질 받던 바보 온달이 평강공주를 만나 리더십을 개발하고 연마하므로 인하여 한나라를 이끄는 장수가 될 수 있었다. 그래서 그런지 리더십은 과학이라기보다는 예술이라고도 한다.

우리는 여기서 바보 온달도 자신의 리더십을 개발하여 한나라의 장수가 되었다는 점에 주목하여 누구나 리더십을 개발하기 위하여 노력하고 연마한다면 자신의 변화는 물론 조직의 역량을 강화시켜 원하는 조직의 목표를 달성할 수 있다는 것을 깨달아야 한다.

리더십은 정해진 것이 아니다

옛말에 지피지기백전백승(知彼知己百戰百勝) 즉 "적을 알고 나를 알면 모든 전쟁에서 승리할 수 있다"고 했다. 리더십도 그렇다. 리더십이 무엇인지, 어떤 종류가 있는지를 정확히 파악하면 도전이 두렵지 않다. 리더십이 지향하는 목표는 같지만 시대의 변화나 상황에 따라 다양하게 리더십은 변해왔다.

자신에 맞는 리더십을 선택하기 위해서는 어디 까지나 자신이 처한 상황을 정확히 분석하고 여러가지 리더십 유형중에서 과연 어떠한 리더십 유형이 자기에게 가장 적합한지를 선택해야만 할 것이다. 그렇다면 여러분도 진정한 리더십의 대가로 성공하게 될 것이다.

가. 카리스마형 리더십(Charisma Leadership)

역사적으로 예수나 나폴레옹 같은 지도자를 카리스마형지도자라고 한다. 카리스마형 리더십을 가진 사람들은 초인적인 대중호소력과 선동력을 지닌 천재적 지도자로서, 강한 흡입력으로 조직원들의 이성이 아닌 맹목적인 의식에 의해 지도자로서 추앙받는 경우가 많다.

나. 독재자형 리더십(Dictator Leadership)

독재자형 리더십은 히틀러와 같이 지배자로 군림하기 위해, 질문을 금지 시키고, 실수를 용납하지 않으며, 핵심 정보는 혼자 가지려고 한다. 또한 권위에 대한 도전이나 반항 없이 순응하도록 요구하면서, 조직원들에게 주어진 업무만을 묵묵히 수행할 것을 기대하는 리더십을 말한다.

다. 민주주의형 리더십(Democracy Leadership)

민주주의형 리더십은 제도나 규칙의 중요성을 인식하고 이성적 사고를 가진 조직원들의 의견을 존중하고, 정보를 잘 전달하려고 노력하고, 전체 구성원 모두를 목표방향 설정에 참여하게 함으로써, 구성원들에게 확신을 심어주려고 노력하는 리더십을 말한다.

라. 파트너형 리더십(Partner Leadership)

파트너형 리더십은 네델란드의 필립스(Philips N.V)가 도입한 리더십으로, 두 동료의 공동책임 원칙하에 업무를 수행하도록 하며, 이 과정에서 어느 한 사람이 지배적인 위치 즉 리더로서의 역할을 수행하지만 두 동료 사이에서는 중요한 상호작용이 이루어지고 이 과정에서 구성원의 리더십이 개발된다는 것이다.

마. 변혁적 리더십(Change Leadership)

변혁적 리더십은 주어진 환경에 순응하지 않고 오히려 올바른 방향으로 변혁시키려고 도전하는 리더십을 말한다. 변혁적 리더는 조직의 변화를 가져오게 하는 추진력과 해박한 지식을 갖추고 자기 확신이 높으며, 조직원들의 존경심과 충성심을 받는 리더을 말한다. 따라서 변혁적리더십은 개인이나 집단과 조직에 있어서 획기적인 변화가 요구될 때 이상적인 리더십이 될 수가 있다.

바. 서번트 리더십(Servant Leadership)

서번트 리더십(Servant Leadership)은 단어 그대로 조력자로서의 리더십을 발휘하는 것으로 조직을 지배하려 하지 않고 신뢰로 이끌어 가는 리더십을 말한다. 기존의 리더십이 조직 구성원의 앞에서 조직 구성원을 이끄는 역할을 하였다면 서번트 리더십은 조직 구성원의 일체화와 공감대 형성을 통하여 조직목표를 달성하는 것이다. 조력자로서의 서번트 리더는 기본적으로 방향 제시자, 파트너, 지원자의 세가지 역할에 중점을 두고 구성원들을 리드해 나가는 특성을 갖고 있다.

사. 브랜드 리더십(Brand Leadership)

브랜드 리더쉽은 독창적인 아이디어를 가진 관리형 리더가 창의력으로 승부하는 리더십을 말한다. 브래드 리더십은 다른 아이디어를 모방하지만 독창적으로 만들어 남들보다 가치있는 조직을 만들어 낸다. 브랜드 리더십은 남이 가지 않은 새로운 길을 만드는 것에 높은 가치를 둔다. 남보다 앞서서 표준을 장악하여 독보적인 경쟁력을 확보하는 것이 주된 목표이기도 하다. 다소 튄다는 비판을 듣더라도 확실한 이미지를 높이는 데 초점을 맞추는 리더십이다.

아. 사이드 리더십(Side Leadership)

사이드 리더십은 기존의 명령전달 방식의 리더십에서 파트너십을 추구하는 개념으로 관점을 전환시킨 리더십이라고 볼 수 있다. 성과, 생산성, 그리고 수익성을 높이기 위해서 새롭게 제시된 사이드 리더십은 조직원들과 수평적이고 평등한 관계를 가지는 것을 강조한다. 또한 사이드리더십은 동등한 입장에서 자유로운 커뮤니케이션 문화를 조성하는 것이 경쟁력 강화의 원천이라고 본다.

자. 파워 리더십(Power Leadership)

파워리더십은 탱크주의형 리더로서 확고한 의지를 가지고 있으면서도 강인한 실행력을 바탕으로 한번 결정한 것은 어떤 비판을 받아도 철저하게 실천하는 리더십을 말한다. 파워 리더십은 모든 현상을 있는 그대로 받아들이지 않을 뿐더러 역경이나 혼란에 도전한다. 또한 성실과 끈기를 기반으로 하여 솔선수범으로 조직을 이끄는 리더십을 말한다. 말보다는 강력한 행동을 요구하는 리더십으로 최고경영자에게 가장 필요한 리더십이다. 난국에 처할 때 리더의 진가가 발휘되는 리더십이다.

아. 슈퍼 리더십(Super Leadership)

슈퍼리더십은 권한 위임형 리더로서 상급자의 명령에 무조건 따르기 보다는 자신의 냉정함과 차가운 두뇌로 판단하여 조직의 활성화에 도움을 주는 리더십을 말한다. 풍부한 지식을 활용해 경영하는 박식한 리더들에게 어울리는 리더십이다.

자. 비전 리더십(Viseon Leadership)

비전리더십은 눈앞의 작은 이익에 관심을 두지 않고 미래의 전망을 내다보고 조직원들에게 희망적인 비전을 제시하는 리더십을 말한다. 비전 리더십은 올바른 비전을 제시하고 구성원 모두가 동참할 수 있도록 이끌어 주며 같은 방향으로 나아가는 리더십을 말한다.

차. 임파워링 리더십(Empowering Leadership)

임파워링리더십은 리더가 가지고 있는 권한이나 책임을 조직원들에게 나누어 주어 맡은 일에 주인의식을 심어주는 리더십을 말한다. 다시말해 어떤 조직의 생명력과 기(氣)를 살려주는 리더십이다. 전통적인 리더는 통제자, 의사결정자, 집행자, 아이디어 창안자로서의 역할을 연상했지만 임파워링리더는 지원자, 코치, 조언자, 촉진자 등의 역할을 수행하게 된다.

차. 셀프 리더십(Self Leadership)

셀프 리더십은 스스로가 설정한 목표와 비전을 실천하기 위해 자기 동기부여를 통해 스스로 일에 심취하기도 하고, 자신의 앞길을 개척해 나가는 리더십을 말한다. 세상을 살아가면서 스스로의 생각과 행동을 변화시켜서 자신의 목적을 달성해나가는 과정을 셀프 리더십이라고 한다. 셀프 리더십은 대단한 업적을 남기는 사람에게만 필요한 것이 아니라 도전하고 변화하는 삶을 살고자 하는 모든 사람에게 반드시 필요한 리더십이다.

리더십 없는 성공은 멀리가지 못한다

저자는 성공은 누구에게나 닿을 수 있는 범위 내에 있다고 믿는다. 또한 리더십의 능력이 없는 개인적인 성공은 제한된 효과성만을 가져온다고 믿는다. 개인적인 성공보다는 리더십으로 조직이 성공하면 성공의 깊이나 폭이 더욱 클 수밖에 없다.

옛말에 "빨리 가려면 혼자 가라. 그러나 멀리 가려면 여럿이 가라"라는 말이 있다. 따라서 개인적인 성공보다는 조직을 통해 성공을 이루려면, 더 높이 올라가기를 원한다면, 더 큰 영향력을 행사하기를 원한다면, 리더십을 길러야 한다.

개인적으로 똑똑하고 영리한 창업컨설턴트 A가 있었다. 그는 자신만 열심히 일하면 성공할 수 있다고 생각하여 아주 열심히 일하였다. 그래서 전국의 80%에 200개의 체인점을 개설하여 놀라운 성공이라고 언론에서 보도하였다. 그는 20%의 지역에서 체인점을 개설하기 위하여 최선을 다했지만 예전처럼 쏟아 붓는 일의 양에 비례해서 증가하지 않았다. 처음 80%의 시장을 석권하는 것은 무에서 유를 창조하는 것이라 매우 쉽지만 나머지를 차지하기 위해서는 처음에 들였던 노력보다 더 큰 에너지를 쏟아 부어야만 하였다. 만일 죽을 정도로 열심히 일한다면, 그 20%의 성공을 증가시킬 수 있을지 모른다. 결국 창업컨설턴트 A 더 이상 노력하는 것은 어렵다고 생각하여 포기하였다.

창업컨설턴트 A는 목표를 달성하기 위하여 죽을 정도로 일하지 않고 좀 더 쉽게 목표를 달성할 수 있는 방법이 있다는 것을 몰랐다. 그것은 바로 열심히 일하는 대신에 리더십의 단계를 높이는 것이었다. 리더십을 끌어올림으로써 성공을 위해 들이는 자신의 노력을 더 늘리지 않아도 조직이 효과를 몇 배나 증가시킬 수 있기 때문이다. 이처럼 리더십은 혼자 열심히 일하는 것보다 효과를 몇 배로 증식시킬 수 있는 영향력을 가지고 있다.

여러분도 혼자 열심히 노력하여 성공하려 하지 말고 리더십을 통해 직원들이 성공하도록 해보자. 혼자 열심히 노력하여 성공하면 구멍가게 주인이 될 수 있지만, 리더십을 가지면 기업체와 비영리 단체들을 운영하는 CEO가 될 수 있다.

혼자가시기를 원하시는가? 아니면 같이 가시길 원하시는가? 같이 가시길 원한다면 리더십을 길러야 한다.

성공은 갑자기 이루어지는 것이 아니다

리더로 성공하는 것은 어린 과일 나무를 집안에 심는 것과 유사한 부분이 많이 있다. 어린 과일 나무에서 과일이 열리려면 오랜 기간 나무를 정성스럽게 보살피지 않으면 안된다. 거름도 주어야 하고 농약도 쳐주어야 하고, 가지도 적당히 잘라주어야 한다. 우리가 꿈꾸는 성공이나 리더가 되는 것이 이렇다. 오랜 기간 공을 들여 관리하고 보아주고 그랬을 때만이 목표를 실현할 수 있는 것이다.

리더가 되고자 하는 사람이 준비나 노력없이 마치 뻥튀기 기계로 자신을 금방 리더로 만들 수 있다는 착각을 해서는, 로또 복권을 사서 운이 좋아 하루 만에 대박을 터트리는 것이라고 생각한다면, 결코 리더로서 큰 성공을 거두기는 어려울 것이다. 리더가 되려면 장기간에 걸쳐서 하루 하루 조금씩 해나가야 한다는 것이다. 하루 하루도 정성을 다하여 자신을 개발하고 역량을 기르는 일도 게을리 한다면 가벼운 성공은 있을 수 있어도 거대한 성공을 기원하기는 어렵다.

천재도 노력하는 사람을 이길 수 없다는 말이 있다. 아무리 태어날 때부터 남들보다 뛰어난 지능이나 능력이 있다 하여도 열심히 노력하는 사람을 당해내지 못한다는 것을 의미하는 말이다. 결국 많은 능력을 갖고 태어났어도 자기개발에 대한 의지가 없어서는 얼마 성장하지 못하고 사람들의 관심 속에서 사라지는 경우가 많은 것을 보면 충분히 이해가 가는 말이다.

리더십에는 여러 가지 요소가 담겨 있기 때문에 태어날 때부터 가지는 기본적인 능력으로 모든 것을 습득할 수 있는 것이 아니기 때문이다. 더욱이 짧은 시간에 모든 것을 습득하기도 어렵다.

리더십을 높이는 요소에는 비전, 스피치, 인간관계, 시간관리, 마케팅, 도전정신, 도덕성, 경력, 경험, 건강, 인간관계, 긍정적사고 등의 요소가 있으며, 이러한 요소 이외에도 아주 많은 요소들을 포함하고 있다. 이러한 요소들은 눈으로 보이는 구체적인 것도 있지만 손에 잡히지 않는 추상적인 것들도 많다. 따라서 요소에 따라서는 쉽게 습득할 수도 있지만 오랜 시간을 필요로 하는 요소도 있다. 따라서 성공하는 리더가 되기 위해서 많은 시간들을 필요로 한다.

다행인 것은 리더십을 구성하는 요소들은 대부분 학습될 수 있거나 향상 될 수 있는 것들이라는 것이다. 단지 그 요소들은 하룻밤에 이루어지는 것은 아니라 오랜 시간을 두고 노력해야 습득할 수 있는 것들이 많다는 것이다.

우리가 어디서부터 시작하는 지는 문제가 되지 않는다. 왜냐하면 리더십의 완성은 없으며, 시대와 지식의 변화에 따라 주류가 되는 리더십은 꾸준히 변화하고 있기 때문이다. 따라서 아무리 빠르게 리더십이 변한다 해도 꾸준히 노력한다면 누구나 충분히 존경받는 리더십을 소유하게 될 것이다.

리더는 영향력으로 평가 받는다

영향력은 영향을 끼치는 힘을 말한다. 따라서 리더의 영향력은 사람들에게 얼마나 영향력을 끼치는가를 말한다. 즉 영향력을 끼치지 못한다면 리더가 아니고, 영향력을 끼쳐야만 리더가 될 수 있다는 것이다.

그럼 영향력은 어디로부터 나올까? 우리는 쉽게 그 사람의 지위로부터 나온다고 생각한다. 즉, 그 사람의 지위가 높을수록 지위에서 나오는 특정한 권력과, 규정과, 전통과, 연륜 등에 의하여 조직은 영향을 받는다고 생각한다. 그러나 의외로 지위가 없는 사람에게서도 영향을 받는 경우가 많다. 바로 리더십을 가진 사람은 지위를 갖지 않아도 그에게서 영향을 받고 따르는 사람들이 많다. 따라서 진정한 리더십은 권위를 갖는 것 이상의 것이라고 할 수 있다.

사람들의 지위에 의한 영향력은 일시적인 경우가 많다. 현재의 지위에서 물러나면 그 이전까지 영향을 받던 사람들이 언제 그랬냐는 식으로 영향력이 사라질 수 있다. 그러나 진정한 리더십을 가진 사람은 시간이 지나면 영향력이 감소할 수는 있어도 결코 그 영향력이 완전히 사라지지는 않는다.

그렇다면 사람들은 왜 리더들을 따르는 것인가? 그것은 첫째, 리더로서 조직을 위해서 이루어 놓은 업적들 때문에 따른다. 리더가 되면 리더는 조직의 활성화를 위하여 노력한다. 이러한 노력의 결과 조직이 발전하게 되며 그것이 리더의 업적이 된다. 따라서 리더의 업적이 많을

수록 조직원들은 영향을 받게 된다. 둘째, 리더가 사람들을 위해 행한 일들 때문에 따른다. 리더의 책임은 일을 할 수 있도록 사람들을 발전시켜 주는 것이다. 진정한 리더는 자신과 함께 하는 사람들이 지속적으로 더욱 뛰어난 능력을 보여주는 것으로 인정을 받을 수 있다. 리더에 대한 충성심은 따르는 사람들이 리더가 보여주는 지도력을 통해서 자신들이 성장할 때 정점에 다다르게 된다. 셋째, 사람들은 리더의 비전 때문에 따른다. 리더는 많은 리더의 요소들을 갖추고 있기 때문에 미래를 예측하는 힘이 있다. 더욱이 세상을 높고 멀리 보기 때문에 큰 비전을 제시할 수 있다. 리더의 비전이 사람들에게 구체적이고 실현가능하다고 보여 질수록 사람들은 더욱 따른다.

결국 리더는 사람들에게 영향력을 얼마나 미쳤는가에 따라서 위대한 리더인가 평범한 리더인가가 결정된다.

변화와 혁신의 기수 리더

우리는 변화하지 않으면 가치를 잃어버리는 것들을 수없이 목격하고 있다. 신곡 하나로 반짝한 가수들이 새로운 곡을 내지 못하면 금방 사람들의 머리 속에서 잊혀지는 것을 쉽게 볼 수 있다. 신제품을 사고 돌아서면 새로운 신제품이 시장에 나오는 시대에 살고 있는 우리에게 과거의 영광은 의미가 없다. 어제의 영광은 이제 더 이상 미래로 연결되지 않는다.

그래서 그런지 요즈음 개인, 기업, 국가는 너나 할 것 없이 변화와 혁신을 강조하고 있다. 국가는 국제사회에서, 개인이나 기업은 사회의 주류로 자리를 잡기 위해서는 사회의 변화에 따라 신속하게 변화하고 준비를 해야만 하는 시대에 살고 있기 때문이다.

국가기관인 행정자치부에서는 혁신담당관실을 두고 변화와 혁신을 주도하려고 하고 있으며, 개인은 사회의 변화에 적응하고 성공하기 위해서 스스로에게 변화와 혁신을 주입하고 있다. 많은 기업들의 신년 사업계획에서도 '변화'는 빠지지 않고 등장하는 주요 테마다. 경영자나 지도자들은 자신의 조직을 변화시키기 위하여 사무혁신, 조직혁신, 구조조정, 조직문화 개선 등 다양한 이름의 변화 관리 프로그램을 매년 초 선포하고 보다 나은 조직으로 거듭 날 것을 다짐한다. 하지만 안타깝게도 변화 관리 프로그램을 성공적으로 수행한 기업이나 국가는 전 세계적으로도 극소수에 불과하다.

변화와 혁신에 대한 중요성을 강조한 것은 비단 오늘날의 일은 아니다. 놀랍게도 무려 1백 년 전부터 혁신과 변화의 중요성이 강조되어 왔던 것이다. 슘페터는 자본주의 발전의 원동력은 '창조적 파괴'라는 말로써, 또한 컨베이어 시스템을 도입해서 자동차의 대량생산과 대중화 시대를 연 헨리 포드는 "변화를 거부하는 사람은 이미 죽은 사람이다", "이 나라에서 우리가 아는 유일한 안정성은 변화뿐이다", "만약 목표를 성취하는데 방해가 된다면 모든 시스템을 뜯어고치고, 모든 방법을 폐기하고 모든 이론을 던져버려라" 등의 말로써 변화와 혁신의 중요성을 주장하였다. 100년 전부터 주장한 변화와 혁신은 원하는 만큼 달성되지 않았거나 시대의 변화에 따라 더욱 필요하였기 때문에 강조되고 있는 것이다.

그러나 변화와 혁신은 변화를 거부하는 기존의 세력에게 많은 저항을 받게 되며, 대단위 자원과 노력 투여, 그리고 오랜 시간이 소요되는 특징을 가지고 있다. 따라서 성공적 변화와 혁신을 위해서는 최고경영자의 전폭적인 참여와 지원은 너무도 당연한 전제조건이다. 그러나 최고경영자 한 사람의 힘으로 거대한 조직이 변화할 수 있다는 것은 우스운 이야기이다.

결국 조직 전체의 변화와 혁신을 가져오려면 최고 경영자 한사람의 변화가 중요한 것이 아니라 조직 구성원의 변화가 있어야 한다. 그러나 기존 조직 구성원을 변화와 혁신의 기수로 만드는 것은 고정관념을 깨는 것만큼 어려운 것이 현실이다. 그래서 기업이나 국가는 변화와 혁신을 이끌 인재를 등용하려는 노력을 기울이고 있다. 오래된 조직의 관행을 깨고 변화와 혁신을 몰고 갈 새로운 젊은 피를 수혈하려고 하는 것이다. 우리는 여기서 벤자민 프랭클린의 일화를 한번 음미해 보자.

벤자민 프랭클린은 원하는 것은 무엇이든지 자신의 노력에 의하여 이룰 수 있다고 생각한 사람이다. 남들은 한 가지 분야에서 성공하기도 힘들지만 벤자민 프랭클린은 평생을 살면서 인쇄공, 주간지 발행인, 의용병 대장, 시의원, 유명한 작가이자, 정치가, 애국자, 저명한 과학자로 미국 역사 발전에 지대한 공헌을 하였다.

그는 10살 때부터 학교를 그만두고, 마땅한 정규교육을 제대로 받지는 못했지만 멀티 플레이어로서 전문적인 지식을 습득하기 위하여 끊임 없는 노력을 하였다. 그는 미국 건국 초기에 워싱턴 장군을 도와 미국 역사에 중요한 역할을 수행하였다. 그는 독립선언서를 만드는데 기여하였으며, 지도자로서 대통령직 외에는 국가의 중요 요직을 골고루 맡았던 위대한 사람이었다.

벤자민 프랭클린은 다양한 일을 경험한데다 창의성도 매우 뛰어났다. 그의 놀라운 창의성은 피뢰침, 2촛점 안경, 스토브 이외에도 수많은 발명으로 이어졌다. 그는 항상 변화와 혁신을 꿈꿔왔다. 그래서 영국의 식민지에서 독립하기를 원해 직접 의용병 대장이 되었으며, 독립선언서를 작성하게 하였다. 미국이 독립된 후에도 다양한 멀티 플레이어로서의 능력을 가지고 국가의 기틀을 혁신적으로 변화시키는데 앞장섰다.

오늘날 미국이 지금처럼 강대한 제국으로 자리를 잡게 하는데 이 벤자민 프랭클린의 역할이 컸다는 것을 알 수 있다. 이처럼 벤자민 프랭클린은 제대로 교육의 혜택을 받지 못했으면서도 하면 된다는 정신으로 스스로의 학습을 통하여 자신의 인생을 변화시키고 미국의 역사를 변화시켰다.

개인, 기업, 국가가 변화와 혁신을 필요로 하는 시대일수록 변화에 능숙 능란하게 적응할 수 있는 새로운 리더를 원하게 될 것이다. 이들이 사회의 주류가 되는 때, 이들이 변화와 혁신을 이끌 신인류가 될지도 모른다. 그래야 개인, 기업, 국가의 미래가 있는 것이다.

리더는 좋은 결과를 낼 줄 알아야 한다

　사람이 보유한 능력은 가지고만 있으면 아무도 알지 못한다. 어떤 사람의 능력이 아무리 많다고 해도 그 사람의 진면목을 알려면 그 사람의 능력이 외부로 발휘될 때 그 사람의 진면목이나 능력을 알 수 있다. 따라서 리더는 자신의 능력을 가지고만 있어서는 그 동안 들인 시간과 노력이 아까울 뿐이다. 리더는 자신의 재능을 가지고 좋은 결과를 낼 줄 알아야 한다. 그래야 주변 사람들이 그 사람에 대한 능력을 인정해 주고 필요로 하기 때문이다.

　자신이 아무리 많은 능력을 갖고 있다고 해도 능력을 발휘해서 성과를 올리지 못하면 능력이 없는 것과 마찬가지다. 누군가에게 좋은 결과로 인정받기 위해서는 능력을 얼마나 가지고 있느냐가 아니라 얼마나 발휘할 수 있느냐에 달려 있다.

　결국 개인의 가치를 평가하는 기준은 연령이나 학력이나 경력도 아니고, 보유하고 있는 능력도 아니다. 사람들은 누구나 성공을 위하여 남들과는 특별한 학력, 재능, 경력, 능력을 가지기 위하여 노력하고 있다. 따라서 평범할 때는 학력, 재능, 경력, 능력 중에서 탁월한 부분이 유능하다고 인정받을 수는 있지만 리더가 되기 위해서는 학력, 재능, 경력, 능력과 같은 개별적인 가치는 큰 의미를 갖지 못한다. 리더로서 자신의 능력을 인정받기 위해서는 자신이 가지고 있는 모든 학력, 재능, 경력, 능력을 좋은 결과로 만드는 것이다.

천재는 노력하는 사람을 이길 수 없고, 노력하는 사람은 즐기는 사람을 이길 수 없다는 말이 있다. 즉 아무리 많은 능력을 가지고 있다고 하더라도 자신의 능력을 100% 발휘하지 못하면 능력은 부족하지만 최선을 다하는 사람을 이길 수 없다는 것이다. 또한 아무리 자신의 능력을 발휘하기 위하여 최선을 다하는 사람도 일을 즐기면서 하는 사람은 이길 수 없다는 것이다.

예를 들면 어느 회사에 3명의 직원이 신입사원으로 입사를 하였다. 1달이 지난 후 천재인 A는 자신이 100%의 능력을 갖고 있음에도 불구하고 20%의 결과밖에 내지 못하고, B는 50%의 능력밖에 없지만 자신의 성공을 위해 열심히 노력해서 40%의 결과를 냈으며, C도 B와 같이 50%의 능력밖에는 없지만 자신의 일을 즐기며 하기에 B와 똑같은 40%의 결과를 냈다고 하자. 여러분들은 어느 쪽에 더 많은 점수를 주겠는가? 아마도 두 배의 결과를 가진 B나 C에게 후한 점수를 줄 것이다. 그러나 장기적으로 보면 B는 C에게 뒤질 것이다. 왜냐하면 B는 성공을 위해 일을 하기에 B는 성공을 이루면 더 이상 능력을 발휘하는데 관

심이 없어 질 것이다. 그러나 C는 자신의 일을 즐기며 하기 때문에 장기적으로 자신의 능력을 100%이상 발휘할 수 있기 때문이다.

사회는 좋은 결과를 내는 사람을 원하고 있으며 같이 일하기를 부탁할 것이다. 따라서 성공하는 리더가 되기 위해서는 자신이 가지고 있는 학력, 재능, 경력, 능력을 바탕으로 좋은 성과를 내는 것이 필요하다.

리더는 강인해야 한다

리더가 갖추어야 할 가치 중 빼놓을 수 없는 것이 바로 강인함이다. 리더를 따르는 사람들은 리더를 따름으로서 얻는 편안함을 얻고자 한다. 리더가 이끄는 데로 가면 자연스럽게 성공이 보장되길 원한다. 나의 어려움도 리더가 막아 주었으면 한다. 조직이 어떠한 역경에서도 꿋꿋이 발전하기 위해서 리더의 강인함을 원한다. 그래서 그런지 리더하면 카리스마형 리더를 떠 올린다. 카리스마라는 것은 특정인물의 행동이나 모습을 마냥 따라 해서 생기는 것이 아니라 바로 자기만의 독특한 스타일을 구축하고 발전 시켜나가는 것을 말한다. 또 부수적으로 필요한 것이 바로 상대방의 심리를 읽을 수 있는 능력이 필요하다.

리더는 조직원들의 가려운 곳, 어두운 곳, 불안한 곳, 갈망하는 곳을 파악하여 채워주어야 한다. 또한 타인에 대한 배려를 하고 조직원들의 협조를 얻어내야 한다. 리더라고 잘난 체하거나 우월성만을 강조해서는 결코 조직원들의 마음을 사로잡을 수 없다. 솔선수범하고 그들보다 고생하고 있다는 느낌이 들 때 조직원들로부터 존경을 받을 수 있다. 이처럼 리더도 인간임에도 불구하고 개인적인 욕구는 뒤로 하고 조직원들을 위해 앞장 서서 리드를 하려면 남들보다 강인해야 한다.

강인함에는 육체적인 강인함과 정신적인 강인함이 있다. 육체적인 강인함이란 조직원들보다 솔선수범하여 열심히 일하고 정력적으로 일할 수 있는 신체적인 능력이다. 정신적인 강인함이란 역경에 동요하지 않는 굳은 마음을 말한다. 실제로, 미국의 대표적인 백 대 기업의 사원을 대상으로 한 조사에서, 가장 바람직한 상사는 '역경이나 곤경에 동요하지 않는 상사'라는 결과가 나온 바 있다. 결국 리더는 강인한 정신을 가지고 있어야 리더로서 성공할 수 있다는 것을 의미한다.

리더는 성공도 남들보다 가까이 있지만 시련도 가까이 있다. 시련을 두려워해서 리더가 되기를 포기한다면 이 세상은 발전이 없을 것이다. 우리 강인한 정신으로 한두 번쯤 정 맞을 각오하고 모난 돌이 되어보자.

리더는 트렌드를 정확히 읽어야 한다

트렌드는 원래 경영학에서 사용하던 것으로 소비자들의 소비 추이를 말한다. 그러나 오늘날 트렌드는 사회의 전 분야에 미래를 예측하는데 있어 트렌드에 대한 분석을 먼저 한다. 여기서 사용하는 트렌드에 대한 정의를 다시 내려 보면 자신과 사회 발전의 상호관계성을 살피면서 현재 존재하는 것에 대한 의미를 부여하는 것이라 할 수 있다. 따라서 트렌드는 자신과 미래에 대하여 어느 한 쪽 면으로 치우치지 않고 객관적으로 읽어 내는 것이 지식 사회에서 성공의 중요한 가치가 될 것이다.

따라서 트렌드를 읽는다는 것은 "나의 능력이나 상황을 정확히 인식한 상태에서 미래사회의 변화가 어떻게 진행될지를 알고 그에 대한 대책을 만들어야 하는 것을 의미한다." 그러나 누구든 정확한 트렌드를 읽을 수 있다고 모두 성공하는 것은 아니다. 실패한 사람들은 분명히 다가올 트렌드를 이미 알고 있지만 미래를 준비하고 대처하지 않았기 때문이다. 이는 실패한 사람들이 안정적인 현실에 더욱 애착을 가지고 있기 때문에 애써서 힘든 도전을 하지 않기 때문이다.

그러나 리더는 다양한 지식을 습득하기 위하여 항상 노력하는 그야말로 도전이 습관이 된 사람들이다. 따라서 리더는 미래 사회에 대처하는 것은 당연한 일이기에 두려워하지 않고 도전한다. 다만 트렌드를 정확히 읽느냐 못 읽느냐에 따라서 진정한 리더로서 성공하느냐 성공하지 못하느냐의 차이가 생긴다. 실제로 성공한 사람들을 보면 자신에 대해서도 정확히 인식할 뿐만 아니라. 트렌드에 대해서도 정확히 분석하고 그에 대한 대처를 위하여 항상 도전하는 성공한 리더들이 많다. 그 중에서 고승덕 변호사가 아마도 대표적으로 트렌드를 읽는 리더라고 할 수 있다.

고승덕 변호사에 대해서는 사람들이 어떤 직업을 가진 사람인지 의아한 사람이 많다. 그도 그럴 것이 고변호사는 어떤 때는 변호사로서, 어떤 때는 주식의 전문가로서 만나기 때문이다.

사람들은 그를 천재라고 한다. 잘은 모르겠으나 범재는 아닌 듯 하다. 서울법대 재학 중에 사법시험에서 최연소로 합격하였으며, 외무고등고시에서는 차석, 행정고등고시에서는 수석으로 합격하여 고시3관왕이 되었다.

고변호사는 시대를 정확히 읽고 무엇이 시대를 주도할 것인가 즉, 트렌드를 정확히 분석하고 통찰하였다. 그래서 그는 사회의 주류를 이루는 트렌드를 예측하고 그 분야의 전문가가 된 것이다. 그는 법조인으로 만족하지 않고 증권이 사회의 관심사로 등장할 것이라는 예측과 함께 증권에 대해 깊이 파고들어 증권업계에서도 고수로 통한다.

증권이야 말로 트렌드를 정확히 알아야 수익을 낼 수 있는 분야로 고변호사의 트렌드를 읽는 능력을 여실히 볼 수 있는 부분이다. 증권업계에서 고승덕 변호사는 "파동이론"으로 대표되는 증시 재야 고수이며, 개미들닷컴 사이트의 운영자로 투자전략을 제시하는 주식 분석가이다. 또 "고변호사의 주식강의"등 증권관련 서적 베스트셀러 작가, 케이블 증권전문방송 인기 강사, 주식·재테크 관련 전문 기고가로 활동하고 있다. 일반 운용 전문인력 시험 펀드매니저 과정에 합격하였으며,

"고승덕 펀드"를 만들기 위한 걸음을 재촉하고 있다.

　고변호사는 자신의 성공요인을 "포기하지 않으면 불가능이란 없다." 는 말로 대변하고 있다. 불가능이 발생하는 유일한 순간은 바로 포기하는 순간이라는 것이다. 그리고 그는 "절대로 자신을 남들보다 뛰어나다고 가정하지 말아야 한다."는 충고를 전한다. 이 말의 의미는 자신이 남들보다 뛰어나도 자만하지 말고 그들과 나의 능력은 동일하다고 생각해야만 남들보다 더 노력해서 그들을 앞서갈 수 있다는 것이다.

　고승덕 변호사가 오늘날 이렇게 리더로 모든 분야에서 성공하게 된 근원은 바로 열심히 노력했다는 것, 이 외에는 그 어떤 것으로도 설명이 어렵다. 그래서 그런지 그는 "한 달만 정말 죽어라고 열심히 살아봐라. 그러면 인생이 달라진다."라고 말하고 있다. 그는 무엇이든 마음만 먹으면 목표를 달성하고 마는 진정한 리더의 근성을 가지고 있다. 그러나 그는 현재의 성공에 안주하지 않고 세상의 트렌드를 정확히 인식하고 그에 대한 철저한 준비로 오늘도 지속적인 성장을 이루어 가고 있다.

리더는 태어나는 것이 아니라 만들어 진다

인간의 리더로서의 능력은 역사의 발전과 함께 계속 성장하고 있지만 사회의 급변함 속에서 더욱 진가를 발휘하고 있는 중요한 항목으로 인식되고 있다. 이를 반증이라도 하듯이 대부분의 기업에서는 핵심 인재 즉 조직을 성공적으로 이끌 수 있는 리더를 양성하는 것이 기업의 생존경쟁 문제를 해결할 수 있는 당면과제로 삼고 있다.

따라서 대부분의 기업에서는 교육과 훈련을 통하여 리더로서의 능력을 배양시키기 위하여 다양한 교육과 훈련을 전개해 나가고 있다. 이처럼 대부분의 기업에서 직원들의 리더로서의 능력을 높이려는 이유는 간단하다. 리더로서의 능력 개발을 통하여 개인이나 기업이 고객이 필요로 하는 상품을 개발하거나 상품의 질을 개선하여 기업의 이익을 극대화하고자 하는 것이다.

이처럼 기업들이 직원들의 리더로서의 능력을 향상시키려는 교육 훈련을 강화시키려는 움직임은 결국 리더는 태어나는 것이 아니라 만들어 지는 것이라는 것을 의미한다. 따라서 누구든 리더가 되고자 한다면 열심히만 하면 될 수 있다. 이처럼 리더가 되기 위하여 최선을 다해서 리더가 된 사람으로 대표적인 사람 중에 하나가 대우 중공업의 김규환씨나 장승수씨를 들 수 있다.

대우 중공업 김규환 명장 가난한 농부의 오대 독자로 태어났다. 그

는 중학교를 졸업하고 어머니의 약 값을 벌기 위해 서울로 무작정 상
경하여 사환으로 입사하게 되었다. 사환으로 입사하여 매일 아침 5시
에 출근하였다. 매일 똑같은 모습을 본 사장이 정식기능공으로 승진시
켜 주었다. 그 후에도 계속 5시에 출근하였고 그 한결같은 성실함에 사
장은 반장으로 승진시켜 주었다.

그는 일을 함에 있어서 "목숨 걸고 노력하면 안 되는 일 없다!"는 자
세로 일을 하였다고 한다. 어느 날 무서운 선배 한 분이 하이타이로 기
계를 다 닦으라고 시켜서 공장에 있는 모든 기계 2612개를 다 뜯고 닦
았다. 그랬더니 호칭이 '야 이새끼야'에서 '김군'으로 바뀌었다고 한다.
그런데 어느 날 난생 처음 보는 컴퓨터도 뜯고 물로 닦아 사고를 친 적
이 있다. 그래서 그 때 알기 위해서는 책을 봐야 겠다는 생각을 가지게
되어 그 때부터 목숨걸고 공부를 시작하였다. 그래서 그는 학원을 한
번도 다녀본 적이 없이 현재 5개 국어를 한다. 그가 외국어를 배운 방
법을 보면 과욕 없이 천천히 하루에 1문장씩 외었다. 하루에 1문장 외
우기 위해 집 천장, 벽, 식탁, 화장실문, 사무실 책상 가는 곳마다 붙이
고 보았다. 이렇게 하루에 1문장씩 1년, 2년 꾸준히 하니 나중엔 회사
에 외국인들 올 때 설명도 할 수 있게 되었다고 한다.

그는 지금까지 제안 2만 4천 6백 12건을 하였으며, 국제발명특허 62
개를 받았다. 이렇게 많은 제안과 특허를 내게 된 동기는 끊임없는 탐
구정신 때문이다. 그래서 어떤 문제를 가지고 하루 종일 사물을 쳐다
보고 생각하고 또 생각하면 해답이 나온다고 한다. 그래서 어떤 때는
가공기계 개선을 위해 3달 동안 고민하다 꿈에서 해답을 얻어 해결하
기도 했다고 한다.

그러나 그는 천재가 아니고 남들이 머리가 나쁘다고 하여 '새대가리'
라는 별명을 얻었다고 한다. 그는 우리나라에서 1급 자격증 최다보유

자지만 국가기술자격 학과에서 9번 낙방, 1급 국가기술자격에 6번 낙
방, 2종 보통운전 5번 낙방하고 창피해 1종으로 전환하여 5번 만에 합
격했다. 결국 오늘날 그가 성공하게 된 것은 모든 일을 목숨 걸고 노력
하였기 때문이다. 실제로 그는 25년간 새벽 3~4시에 일어나 남보다 더
공부하고 일한 덕택이다"라고 그는 밝혔다.

그는 심청가를 1,000번 이상 듣고 완창하게 되었는데 심청가에 보면
다음과 같은 구절을 매우 좋아한다. "한 번 밖에 없는 인생, 돈에 노예
가 되지 마라. 지금 하고 있는 일이 바로 너의 인생이다. 지금 하고 있
는 일에 최선을 다하는 자는 영화를 얻는다."

그는 이를 통해 힘들고 어려운 길은 반드시 행복으로 가는 길이라고
주장한다. 따라서 "목숨 걸고 노력하면 안 되는 것이 없으며, 내가 하
는 분야에서 아무도 다가올 수 없을 정도로 정상에 오르면 돈이 문제
가 안된다." 고 하였다. 즉 정상에 올라가면, 길가에 핀 꽃도 다 돈이라

는 것이다. 그는 이러한 처절한 삶은 그에게 훈장 2개, 대통령 표창 4번, 발명특허대상, 장영실상을 5번 받았고 초정밀 가공분야 명장으로 추대되도록 하였다.

김규환씨는 쓰러져 다시 일어날 때마다 성공을 향하여 전진하였으며, 점차 시련을 극복하는 속도도 빨라지기 시작하였다. 그는 공교육은 제대로 받지 않았지만 오로지 자기 개발을 통하여 하고 싶은 것은 해버리고, 되고 싶은 것은 되어 버렸다. 그래서 그는 자신을 만들어 성공을 이룩한 자수성가형 리더이다.

장승수씨라고 이름만을 이야기해서는 아는 사람이 그렇게 많지 않을 것이다. 그러나 그가 막노동꾼에서 서울대 수석입학자라고 하면 대부분이 알게 된다. 막노동꾼이 서울대 갔다는 사실 자체만으로도 세간의 이목을 집중시키기에 충분한 사건이었기 때문이다. 장승수씨는 이러한 이력 이외에도 포크레인 조수, 오락실, 가스·물수건 배달, 택시기사, 공사장 막노동꾼 등을 전전하면서 서울대학교 인문대학에 수석합격하였으며, 사법시험을 합격하였으며, 지금은 프로복싱 테스트에 통과하여 프로 복싱 선수로 활동하고 있다. 정말 아무도 예측하기 어려운 멀티 플레이어로서 삶을 살고 있다.

장승수씨는 일찍 아버지를 여의고 어려운 가정 형편 때문에 대학을 일찌감치 포기하고 술집으로 당구장으로 돌아다니면 싸움꾼 고교 시절을 보냈던 적도 있었다. 그리고 고등학교를 졸업한 후에도 집안의 생계를 책임지기 위하여 각종 사회의 힘들고 어려운 직업들을 전전하면서 변화를 가졌다.

한 때 물수건 배달 일을 할 때 오전 8시부터 오후 7시까지 한 달에

딱 이틀 쉬고 30만원 월급 받으며 매일 오토바이로 150㎞를 달리는 중 노동을 하였다. 그는 결국 배우지 못하면 어려운 생활을 하며 지독하게 가난하게 살 수밖에 없다는 생각에 대학 진학을 생각하게 되었다고 한다. 그도 공부는 어렵다고 생각하고 있었지만 그래도 공부가 해본 일들 중에서는 성공을 하기에 가장 쉬운 것이었다는 것이다. 또한 지금까지 해본 것 중 가장 재미있었던 것이 공부라고 하며 책을 뒤적이다가 몰랐던 것을 깨달았을 때 느끼는 기쁨이 그 어떤 것보다 좋았다고 한다.

장승수씨는 공부를 하면서 얻은 게 있다면 사람에게 자기가 원하는 것을 할 수 있는 힘이 있다는 것을 깨달았다는 것이다. 그리고 그는 지금의 위치에 만족하지 않고 앞으로도 배워야 할 것은 산더미 같고 넘어야 할 한계도 무수히 많다는 것을 알고 있었다. 그래서 그는 이러한 새로운 한계들을 뛰어넘기 위해 나는 다시 신발끈을 고쳐 매고 새로운 출발점에 서 있는 자세로 세상을 살고 있다. 고난과 역경을 견디고, 가장 낮은 곳에서 가장 높은 곳으로 점프한 사람, 그래도 도전을 멈추지 않고 자신을 리더로 만든 사람 그가 바로 장승수인 것이다.

성공하려면 가슴속에 비전의 불꽃을 태워라

비전을 세우기 위한 전략

비전(vision)이란 미래에 대한 구상 즉 꿈이나 장래 희망을 말하며, 목표는 정해진 시간과
비용이라는 제약조건 하에서 달성하고자 하는 특정하고 측정 가능한 성취상태를 말한다.
따라서 성공하기 위해서는 비전과 목표가 뚜렷해야 한다. 결국 비전을 수립한다는 것은
성공하기 위한 방향을 설정한 것과 같다.
성공을 위한 비전을 수립하기 위해서는 첫째는 자아 정체성을 확립해야 하며, 둘째는 자
신을 정확히 알기 위한 SWOT분석을 해야 하며, 셋째는 개인의 성장 방향을 설정해야
하며, 넷째는 긍정적인 생각을 가져야 하며, 다섯째는 그에 따른 실천 전략을 세워야 하고,
여섯째는 비전 선언문을 작성하여 실천하여야 한다.
다음은 같은 하위요소들을 구체적으로 실현하기 위한 사항들이다.

요소	하위요소	진단 사항
비전	1. 자아 정체성 확립	○ 나는 누구인가? ○ 나는 무엇을 하고 싶은가? ○ 나는 어떻게 살 것인가?
	2. SWOT분석	○ 나의 장점과 단점은 무엇인가? ○ 나를 둘러싼 환경의 기회와 위협은 무엇인가?
	3. 개인의 성장 방향	○ 나의 어떤 커리어를 만들 것인가? ○ 나의 어떤 직업을 가질 것인가?
	4. 긍정적인 생각	○ 나는 어느 정도 긍정적인가? ○ 나는 긍정의 힘으로 비전을 실현할 수 있다고 생각하는가?
	5. 실천 전략	○ 핵심 성공요소는 무엇인가? ○ 비전 실천을 위한 장애물은 무엇인가? ○ 비전과 전략을 공유할 수 있는가? ○ 전략은 주기적인 평가를 할 수 있는가?
	6. 비전 선언문 작성	○ 단기적인 비전은 계획되었는가? ○ 장기적인 비전은 계획되었는가? ○ 생활의 신조는 계획되었는가?

비전이 있어야 인생이 행복하다

세 사람이 물도 떨어진 상태에서 사막을 횡단하고 있는데 우연히 사막의 한 가운데서 상인을 만났다. 상인은 세 사람에게 물었다.

첫 번째 사람은 더럽고 땀투성이에 얼굴에는 불만스러운 표정이 가득했다.

상인은 그 사람에게 물었다.

"지금 왜 힘들게 사막을 횡단하고 있는 거죠?"

첫 번째 사람은 대답했다.

"친구따라 이길을 무작정 걷고 있습니다. 너무 힘들어서 후회만 됩니다. 하루 빨리 집으로 돌아가고 싶습니다."

두 번째 사람 역시 더럽고 땀투성이에 얼굴에는 불만스러운 표정을 짓고 있었다.

상인은 두 번째 사람에게 물었다.

"지금 왜 힘들게 사막을 횡단하고 있는 거죠?"

두 번째 사람은 대답했다.

"억지로 부모님이 저쪽 마을에 심부름을 시켜서요."

세 번째 사람도 더럽고 땀투성이였지만, 즐겁고 행복한 표정을 짓고 있었다.

그는 다른 두 사람만큼 열심히 길을 걷고 있었지만 힘은 훨씬 덜 들어 보였다.

상인은 세 번째 사람에게 물었다.

"지금 왜 힘들게 사막을 횡단하고 있는 거죠?"

그러자 그가 대답했습니다.

"저는 지금 사막을 탐험하고 있습니다. 이 길을 걷는 사람들에게 지도를 만들어 주려고요."

여러분은 지금 어떤 생각을 가지고 인생을 살아가고 있는가? 비전을 갖지 못하면 우리의 삶은 막연히 남을 모방하는 삶을 살던지, 어쩔 수 없어서 삶을 살게 된다. 그러나 비전을 가지면 우리의 인생은 목적이 있기 때문에 즐거울 수밖에 없다. 우리 지금 하고 있는 일 차제에 목적을 두지 말고, 일을 통해 어떤 목적을 달성하려는 비전을 세워보면 어떨까?

비전이 없다는 것은 우리의 인생이 죽은 것과 다를 바가 없다. 비전이 있으면 정확한 목표가 있기 때문에 목표를 달성하는 일이 고되고 힘들어도 즐겁다. 그러나 비전이 없으면 하는 일에 목표가 없으므로 재미가 없다. 또한 억지로 해야 한다는 수동적인 자세로 일을 대하기 때문에 성과도 없다. 결국 비전이 없으면 우리의 인생은 즐겁지 못하지만, 비전이 있으면 자신의 꿈을 실현하기 위해서 살아가기 때문에 우리의 인생은 행복해진다.

미국의 샌프란시스코에 있는 리츠칼튼 호텔에서 있었던 일이다. 리츠칼튼 호텔에서 근무하는 사람들이 매우 많았는데 그 중에서 방을 청소하는 역할을 담당한 버지니아 아주엘라라는 사람이 있었다. 대부분의 사람들은 그녀를 궂은 일이나 하는 청소부라고 무시했지만 그녀는 자신의 일이 손님들에게 깨끗한 환경을 제공하여 기쁨을 주는 서비스

를 제공하는 일이라고 생각하고 즐거워하였다. 그는 자기 일에 긍정적인 생각을 가지고 손님들에게 자신만의 독특한 방법으로 감동을 주자는 비전을 가지게 되었다. 그래서 그녀는 자신의 서비스한 객실의 고객들에 대한 특성과 습관을 일목요연하게 정리하여 두고 그 고객이 다시 호텔에 방문하였을 때 취향에 맞는 객실 서비스를 제공하여 고객들에게 감동을 선사하였다. 후에 그녀는 호텔 종사원에게 주어지는 가장 영예로운 상을 수상하게 되었다.

만약 그녀가 남들이 생각하는 데로 궂은 일이나 하는 청소부라고 자신을 창피하게 생각하거나 쑥스러워했다면 그는 평생을 힘든 청소부 일만 해나갔을 것이다. 그리고 자신의 어려운 인생을 비관만하면서 살아갔을 것이다. 그러나 그녀는 똑 같은 청소부 일이었지만 손님을 즐겁게 하는 것이 가치있는 일이라고 생각하고 손님들을 즐겁게 해야겠다는 비전을 가졌다. 비전을 가지고 청소를 하니 일자체가 그녀에게 행복을 가져다주었다. 뿐만 아니라 비전을 가지게 됨에 따라 구체적인 전략을 갖고 손님들에게 감동을 줄 수 있는 방법을 실천함으로 가장 영예로운 상도 받을 수 있었다.

이처럼 버지니아 아주엘라는 남들은 보잘것없는 직업을 가지고 있었지만 비전을 가지고 있었기 때문에 남들보다 행복한 삶을 살 수 있다는 것을 보여준 사례다.

여러분은 비전이 주는 행복을 느껴 보셨는지요? 아직 비전이 주는 행복을 느껴보지 못했다면 비전을 가져보기 바란다. 내일 아침이 유난히 찬란해 보일 것이다.

비전이 없는 사람은 불쌍한 사람이다

미국에서 태어난 헬렌켈러는 세상에 태어난 지 9개월 만에 큰 병을 앓아 시력을 잃었고, 귀로는 들을 수 없게 되었으며, 입으로는 말도 할 수 없는 '삼중고'의 가련한 장애인이 되었다. 그는 모든 장애를 다가지고 있으면서도 하버드 대학을 졸업하였으며 유명한 저서까지 남기었다. 헬렌 켈러는 자신의 불행에 좌절하지 않고 불가능을 극복하여 장애인들에게 성공의 상징으로 큰 힘과 용기를 주었다. TIME지는 헬렌켈러를 20세기의 위대한 100명의 인물에 선정하기도 하였다. 헬렌켈러는 "가장 불쌍한 사람은 시력은 있지만 비전이 없는 사람"이라고 말했다. 이는 꿈이 없는 사람은 시력을 잃은 것보다 불쌍하고, 말을 못하는 것보다 불쌍하고, 듣지 못하는 것보다 불쌍하다는 것을 의미한다. 반대로 장애를 가졌더라도 비전만 있으면 행복하다는 것을 의미한다.

비전이 있는 사람과 비전이 없는 사람 간단한 구분이지만 실제로는 엄청난 차이를 가져온다.

A와 B는 S대학 사범대학교 동창생이었다. A는 단순히 교사가 되고 싶다는 생각에 사범대학을 진학한 것이고, B는 대학원을 진학하고 박사를 해서 교수가 되고 싶다는 비전을 가지고 사범대학에 진학하였다. 결국 A는 졸업하고 원하던 교사가 되었다. 그러나 B는 자기의 비전인 교수가 되기 위하여 대학원을 진학하였고, 박사과정에 들어가서 7년

이란 세월을 더 공부하였다. A는 B의 노력이 부질없어 보이는 듯하였다. A는 B에게 고생하지 말고 자기처럼 현실과 타협하기를 권고하기도 하였다. 그러나 B는 자기의 삶을 고생이라고 생각하지 않았다. 그는 자기의 비전이 확실하기 때문에 꿈을 실현해 가는 과정이라고 오히려 즐거워하였다. 결국 B는 원하는 교수가 되었다. 이들 두 친구는 중년이 되어서도 자주 만났다.

둘은 교육현장에 있으면서 교육의 문제점을 너무 잘 알고 있었다. 그러기에 교육의 현안 문제들을 해결하여 세상을 변화시켜 보고 싶은 욕망이 생겨났다. A는 자신의 욕망을 실현하려고 노력했지만 자신이 가르치는 학생들과 학부형들 그리고 주변의 동료 선생님들에게 비전을 알리는 것이 고작이었다.

A는 자신의 욕망을 실현시키기 위하여 오랜 세월이 걸린다는 것을 알고 그는 평범하게 늙어가기로 결심하였다. A는 직장 생활이 안정되고 편안했지만 비전이 없었으므로 직장생활에 대하여 점점 싫증을 느끼게 되었다.

결국 A는 평범한 교사로서 만족하며 정년을 맞이하여 사람들의 뇌리에서 잊혀져가는 생활을 하고 있다. 반면에 B는 교육문제를 해결하기 위한 자신의 비전을 주변에 알릴뿐만 아니라 정부에 제안을 하거나 연구와 저서를 통해서 교육문제를 지적하고 해결방법을 제안하였다. 사람들은 B의 견해에 대하여 주목하였고 그의 이야기를 듣고자 하는 사람과 존경하는 사람이 증가했다.

결국 B는 교육계에서 덕망높은 학자로서 정년을 맞이할 수 있었다. B는 퇴직 후에도 사회에 공헌한 일들로 인하여 끊임 없는 사회로부터 필요한 존재가 되었으며 지금도 바쁜 생활을 구가하고 있다.

A와 B의 차이가 무엇일까? 그것은 비전이 있느냐? 없느냐? 의 차이이기도 하며, 비전이 큰가? 작은가?의 차이였다. A는 비전이 없었거나 작았다. 그러나 B는 비전이 있었으며 컸다는 것이다. 시작은 같았지만 이처럼 비전의 차이에 의하여 우리의 인생은 극명하게 차이를 만들어 준다.

성공은 비전이 잉태한다

성공은 우연히 찾아오는 것이 아니라 준비하는 사람의 것이라는 말이 있다. 성공을 기대도 하지 않았는데 찾아오는 법이 없다는 말이다. 성공을 기대하지 않는 사람에게는 성공이 찾아와도 성공인지를 모르고 지나가는 경우가 대부분이다. 따라서 정확한 비전을 가지고 있어야 성공할 수 있다.

일본인들이 많이 기르는 관상어 중에 '코이(KOI)'라는 관상용 잉어가 있다. 이 잉어를 작은 어항에 넣어 두면 5~8센티미터 밖에 자라지 않지만, 아주 커다란 수족관이나 연못에 넣어 두면 15~25센티미터까지 자란다고 한다. 그러나 강물에 방류하면 90~120센티미터까지 성장한다고 한다. 놀랄 만큼 성장할 수 있는 코이는 어항 속에서는 조무래기가 되는 이유는 코이가 어떤 환경이든 쉽게 스스로 적응해버리기 때문이다. 익숙해진다는 것은 이렇게 무서운 것이다. '코이'는 자기가 숨쉬고 활동하는 세계의 크기에 따라 조무래기가 될 수도 있고 대어가 되기도 하는 것이다. 비전이란 '코이'라는 물고기가 처한 환경과도 같지 않을까? 더 큰 비전을 꾸면 더 크게 자랄 수 있다. 성공하는 삶 역시 항상 커다란 비전과 함께 시작된다. 코이의 크기를 결정하는 것은 비록 환경이지만 어떠한 환경을 선택할 것인가 하는 것, 즉 우리 스스로를 어항에 머물도록 할 것인지 커다란 강으로 인도할 것이지 결정하는 것은 바로 우리 자신이기 때문이다.

그러나 어떻게 생각하면 이 '비전을 찾는다는 것' 은 정말 쉬운 일이 아니다. 비전과 목표라는 것은 누군가 나에게 쥐어주는 것일 수도 있고, 스스로 세울 수도 있다. 한번도 비전을 어떻게 찾아야 하는지를 배워본 적이 없는 사람에게는 비전을 달성하는 것 이상으로, 자신의 비전을 찾는 방법을 아는 것은 쉽지 않다는 것이다. 그 이유는 자신의 마음 속 깊이 인정하지 않은 비전과 목표의 경우 달성하기도 쉽지 않을 뿐더러, 달성한다고 해도 행복하지 못하기 때문이다. 비전을 좀 더 쉽게 찾기 위해서는 다음과 같은 방법을 권하고 싶다.

성공하기 위한 개인과 조직의 비전은 현실적이어야 한다. 희망적인 단어들의 나열이라면 현실과 동떨어질 수밖에 없다. 성공하기 위해서는 자신이나 조직의 현실을 정확히 인식하고 미래에 대한 변화방향을 인식하고 비전을 수립하는 것은 매우 중요하다.

예를 들면 "나는 무엇이 되는 것이 좋을까?", "나의 적성에는 어떤 일이 가장 맞을 것인가?", "내가 가장 잘 알고 싶게 접근할 수 있는 일은 무엇일까?", "지금하는 일에 대하여 좀 더 폭 넓은 지식을 얻기 위해서는 어떻게 해야 할까?", "지금하는 일과 어떤 일을 병행하면 더욱 효과적일까?", "미래에는 어떤 일을 하면 좋을까?" 등에 대한 충분한 사고를 통하여 자신에게 맞는 비전을 세워야 한다.

성공하기 위하여 비전을 세웠다면 그 비전을 달성하기 위하여 어떤 종류의 노력이 얼마만큼 필요한가라는 정확한 목표를 세워야 한다. 정확한 목표에 부합하는 구성 요인들을 계획하고 분석하면 그만큼 목표를 잘 달성할 수 있다.

따라서 정확한 목표를 설정하기 위해서는 "내가 행동을 취했을 때 나타나는 결과가 무엇인가?", "목표를 달성했을 때의 성과는 구체적으로 어떻게 될 것인가?", "목표 달성을 위한 구체적인 날짜와 시간은 어

느 정도 필요한가?", "목표 달성을 위한 재정, 인적자원, 물적 자원은 어
느 정도 필요한가?", "목표 달성을 위해 투여한 자원들에 비하여 얻은
것은 얼마나 되는가?"에 대하여 고려되어야 한다.

비전이 커야 성공도 크다

비전의 크기를 잡는 것은 우리의 마음이다. 비전을 크게 잡을 수도 있고, 작게 잡을 수 있다. 일부의 사람들은 자신이 처음 시작하는 시점에서는 꿈을 작게 잡는 경우가 많다. 그러나 옛말에 "호랑이를 그리려다 못 그리면 고양이를 그리고 고양이를 그리려고 하면 아무 것도 못 그린다."라는 속담이 있다. 이는 꿈을 크게 그리면 비전을 다 실행하지 못하여도 상당히 성공에 가까이 가나 비전이 작으면 결국 실패할 확률이 높다는 것을 의미한다.

비전을 설정하기 위하여 투여해야 하는 노력은 큰 비전이나 작은 비전이나 같다. 따라서 이왕 같은 노력을 들일 바에는 꿈은 크게 그려 보자. 역사 속에는 커다란 비전을 가짐으로 인하여 자신의 성공은 물론 세계를 변화시킨 인물들이 많다. 그 중에서도 칭기즈칸만큼 커다란 꿈을 그리고 이를 실현시킨 사람은 많지 않다.

칭기즈칸은 워싱턴포스트지에서 "세계를 움직인 가장 역사적인 인물" 중 첫 번째 자리로 뽑히면서 역사 속에 새롭게 등장하였다. 그는 혹독한 역경을 딛고 일어서서 개방적이면서도 카리스마가 넘치는 리더십을 가지고 그는 세계를 지배하였으며 그가 세운 세계 정벌 기록은 누구도 깨기 어렵게 하였다. 그래서 그런지 요즘 TV사극의 방영과 함께 20여권의 책들의 주인공으로 칭기즈칸이 등장하면서 칭기즈칸의 리더

십에 대하여 관심을 가지는 사람들이 늘어가고 있다.

칭기즈칸의 성공은 그냥 이루어진 것이 아니다. 수많은 역경과 고난 속에서도 그는 준비된 리더였다. 그는 개방적 사고로 능력만 있으면 노예나 외국인을 가리지 않고 중용하였다. 성과가 있는 장병에게는 똑같이 상을 나누어 주었다. 황제였지만 왕궁을 짓지 않고 천막에서 비단 옷을 입지 않고 백성들과 같은 생활을 하였다. 국민들에게 아버지와 형으로서 나라를 통치하였다. 가족이나 삼촌들도 법을 어기면 엄격하게 법을 적용하였으며, 항복하는 나라는 우방이 되었으나 저항하는 나라에게는 잔혹한 정벌자가 되었다.

그러나 이러한 리더십보다 더욱 강력했던 리더십은 커다란 비전을 소유하였다는 것이다. 칭기즈칸은 일찍이 과거에도 없었고 누구도 가능하리라고 생각하지 않았던 것을 가능하게 만든 대단한 비전을 소유하였다. 자신의 목표를 공동의 목표로 만들어 목표가 달성되기가 무섭게 곧 다음의 새로운 공동목표를 만들어 쉬지 않고 달리도록 그의 부족을 이끌어 갔다. 그리고 그 비전은 나라를 만드는 것, 주변국가로부터의 위협을 없애는 것, 아예 중원을 경영하는 것, 나아가 천하를 통일하는 것, 그리고 그 천하는 중국 땅을 넘어 사람이 살고 있는 모든 땅으로 계속 커져만 갔고 그 꿈들은 하나씩 하나씩 실현시켜 나갔다.

칭기즈칸은 자신의 꿈을 실현시키기 위하여 병사들과 백성들에게 멀티 플레이어가 되어야 적은 인원으로 멀리 있는 큰 나라들을 정벌할 수 있다는 것을 가르쳤다. 그래서 빠른 속도를 낼 수 있는 기마병 위주로 군을 편성하고 멀티 플레이어 장병들을 육성하여 세계 정벌의 꿈을 이룬 것이다. 국민들은 불가능하다고 생각한 세계 정벌을 칭기즈칸의 리더십으로 인하여 가능하다는 것으로 인식이 바뀐 것이다. 칭기즈칸의 성공 비결은 자신이 세운 커다란 비전을 공유함으로 인하여 국민들에게 희망을 주었기 때문이다. 그의 리더십은 오늘날 우리에게 필요한 리더십이라 할 수 있다. 만약 칭기즈칸이 유목민의 아들로서 목동으로 크겠다는 비전을 가졌다면 그는 목동으로 성공하였을 것이다. 그러나 그의 비전은 세계를 정복하겠다는 커다란 비전을 가졌기 때문에 세상을 정복하여 세계 역사상 가장 위대한 정복자가 되었다.

비전을 가지고 있는 사람은 그 비전을 이루기 위한 출발을 해야 하는데, 그 비전을 성취하기 위한 출발점은 항상 현재이다. 인생의 최종 목적을 확정한 사람은 현실로 돌아와서 현재 의 상황을 분석하고 새로운 출발을 해야 한다. 비전이 크면 클수록 현실에 더욱 충실해야 한다. 현실적으로는 게으르고 나태하면서 "무언가 큰일을 이룰 수 있겠지?"라고 생각하는 사람은 비전을 가진 사람이 아니라 망상에 사로잡혀 있는 사람이 되기 쉽다.

여러분들의 비전은 어떤 크기를 갖고 있는가?, 자신의 생활의 변화만을 원하는가?, 아니면 직업을 원하는가?, 아니면 세상을 변화시키려는 꿈을 그리는가? 그렇다면 현실에는 얼마나 충실한가?

비전은 포기하지 않으면 반드시 실현된다

영국의 데이빗 리빙스턴은 선교사이며 일반인들에게 지리학자이며, 탐험가로 알려져 있다. 그는 선교사가 되기 위해 의학과 신학을 공부한 사람이었다. 그는 "비전을 가진 사람은 그것을 달성할 때까지는 절대로 죽지 않는다"고 말했다. 그의 삶은 실전에서도 그랬다.

그는 어린 시절 매우 가난했다. 그래서 방적공장에서 방적공이 되어 돈을 벌게 되었다. 그는 매일 반복되는 삶에서 희망이 보이지 않았다. 그러나 그는 환경에 굴복하지 않고 자신의 장래에 대해 생각해 보았다. 희망이 없는 현실에서 벗어날 수 있는 새로운 일은 무엇이 있을까 고민하다 중국에 의료선교사가 필요하다는 말에 마음이 끌렸다. 그래서 선교사가 되어야 하겠다는 목표를 가지고 대학을 진학하여 의학공부를 하였다. 그러면서 선교사가 되는 공부를 시작하여 선교사가 되었다. 그러나 영국과 중국 사이에 아편전쟁이 발발해 있었고 더 이상 선교사를 보내지 않기로 결정했다. 결국 그는 오랫동안 자신이 꿈꾸어온 선교사의 꿈이 좌절될 수 밖에 없었다. 그러나 그는 꿈을 접지 않고 남아프리카에서 선교사로 헌신하게 됐다. 그는 남아프리카의 여러 곳을 탐험하며 선교활동을 하였다. 그러나 12년 동안의 노력에도 불구하고 단 한 명의 신도 밖에는 얻지 못했다. 그는 능력없는 선교사인 자신에게 환멸을 느끼게 되었고, 4년 간 탐험되지 않은 지역으로 4,000마일을 여행하였다. 그는 열악한 환경에 항상 질병에 시달렸으며 그의 동료들을 앗아갔다. 그러나 그의 성공에 대한 의지는 그 어떤 난관도 굴복시키지 못하였다. 그는 4년 간의 남들이 가지 않았던 아프리카 횡단을 마치고 고향에 돌아가 영웅대접을 받았다. 그는 다시 옥스퍼드 대학에서 법학 박사학위도 받았으며, 「선교여행과 남아프리카 탐험」(1857)이란 책을 써서 아프리카에 들어 갈 수 있는 안내서가 되었으며 이 책은 베스트셀러가 되었다. 이처럼 데이빗 리빙스턴은 방직공, 선교사, 탐험가, 밥학자, 베스트셀러 저자 등 남들은 한 가지도 제대로 못하는 데 여러 분야에서 성공한 인물이 되었다.

재일교포 손정의는 최근 일본사회는 물론 전세계를 깜짝 놀라게 하는 사건을 만들어낸 디지털 시대 영웅이다. 일본 언론은 그를 「일본의 빌 게이츠」라고 부른다. 그러나 그에게 빌 게이츠는 더 이상 선망의 대상이 아니다. 오히려 빌 게이츠는 그가 꿈꾸는 세상을 만들기 위한 협력자에 불과하다.

일본에서 태어나 자란 그를 빌 게이츠를 능가하는 디지털 전쟁의 영웅으로 만든 것은 잡지에 게재된 IC(직접회로)칩의 사진 한 장을 보고, 일본 규슈지방의 한 고등학교 2학년 때 더 이상 배울 것이 없다고 느낀 그는 가족들의 맹렬한 반대를 무릅쓰고 미국으로 건너간다. 미국 고등학교에 들어간 그는 2주일만에 고등학교 과정을 끝마친 후 캘리포니아 버클리대학에 진학한다.

그후 그는 하루에 한건씩 연간 2백50건의 발명을 하겠다는 허황된 결심을 한다. 그러나 그의 결심은 결코 허황된 것이 아니었다. 열아홉 살 때 음성번역기를 개발하여 일본의 대표적인 정보통신회사 샤프와 마쓰시타와 첫번째 비즈니스를 벌였다. 마쓰시타가 미친놈이라고 거들떠보지도 않았던 그의 발명품은 샤프에 의해 세상의 빛을 보게 됐다.

1백만 달러의 특허료를 샤프로부터 받아쥔 그는 곧바로 귀국해 스물네살의 나이에 동경에 소프트뱅크사를 설립했다. 창업 첫날 그는 사과궤짝위에 올라서서 아르바이트 직원 2명이 전부인 사원 앞에서 첫번째 조회를 열고 다음과 같은 비전을 밝혔다.

"우리 회사는 5년 이내에 1백억 엔, 10년 후에는 5백억 엔 그리고 앞으로 1조 엔대의 기업을 될 것이다." 그는 15년 만에 1백31억 엔(韓貨 약 1천48억원)에 달하는 이익을 내는 세계적인 기업으로 성장했기 때문이다. 이제 그는 2천억 엔이 훨씬 넘는 개인자산을 자랑하는 디지털 전쟁시대의 새로운 영웅이 됐다.

평범한 사람이라면 한가지의 성공을 이루고 그 자리에 머물기를 원하지만 데이빗 리빙스턴이나 손정의는 한 가지 분야도 아닌 여러 분야에서 최고가 되었다. 데이빗 리빙스턴이 더욱 위대한 것은 비전을 준비할 때마다 역경이 찾아왔지만 그는 그 역경을 포기하지 않음으로 인하여 비전을 가진 사람은 그것을 달성할 때까지 절대로 죽지 않는다는 것을 실천적으로 보여준 성공인이었다. 손정의도 남들은 알아주지 않았지만 비전을 가지고 실천하다 보니 결국은 꿈을 이룬 성공인이다. 아마도 데이빗 리빙스턴나 손정의의 성공의 원동력은 항상 비전을 세우고 그 비전이 실현되면서 느낀 희열, 즉 삶을 춤추게 하는 기쁨이 있었기 때문에 가능하였으리라 본다.

사람들은 자신이 처한 현실을 부정적으로 보는 경우가 있다. 그래서 자신의 처지가 자신의 비전을 세우는데 단점으로 작용한다고 생각한다. 그래서 스스로 비전을 세우는 것을 두려워해서 포기하기도 한다. 그러나 비전을 세우는 데는 연령과 성별에 따라 차이가 있지 않다. 즉 비전은 누구든 세울 수 있다는 것이다. 다만 비전을 설정하였다고 해서 꼭 성공하는 것은 아니지만 비전을 갖고 꾸준히 도전한다면 언제든 이루어질 수 있는 것이 비전이기도 하다.

우리는 세계 어느 나라에서도 치킨 패스트푸드 체인점인 KFC에는 기분 좋게 서있는 한 노년의 신사를 언제나 만날 수 있다. 그가 다름 아닌 KFC의 창업자 홀랜드 샌더스다. 그는 어린 시절부터 어려운 역경의 삶을 살았지만 좌절하지 않고 비전을 세워 66세의 나이에 성공을 시작하였다.

홀랜드 샌더스는 6세에 아버지를 잃고 어릴 적부터 동생들을 돌보며 요리를 자주하게 되었다. 가난한데다가 어머니마저 재혼하여 초등학교를 중퇴하고 10살부터 생활터전에 나섰다. 갖은 고생 끝에 주유소를 마련한 그는 주유소 뒤에 있던 창고를 개조하여 닭튀김 요리를 파는 간이식당을 열었다. 40세 때 식당이 번창하자 닭튀김으로 세상을 지배하자는 비전을 가졌다. 그는 아예 주유소를 그만두고 음식점에만 몰두하여 성공한 사업가로 변신했다. 그러나 경영악화로 식당을 경매로 잃어 66세에 알거지가 되었다. 그는 좌절하지 않고 그의 비전을 실현시키기 위하여 KFC 프랜차이즈를 생각해 내었다. 그는 흰색 캐딜락에 압력밥솥과 튀김 양념을 가지고 다니면서 체인점에 가입시키기 위하여 인근 지역 식당 주인들을 찾아다녔다. 그는 단순히 요리법만 전수하는 것에 그치지 않고, 며칠간 그 곳에서 머물면서 흰색 정장을 하고 손님들에게 자신이 튀긴 닭을 직접 팔기 시작했다. 그러한 샌더스의 열정에 반한 음식점 주인들이 하나 둘 그와 계약을 맺기 시작했고 결국 70세에 200개가 넘는 체인점을 확보하는데 성공했다.

그는 '죽는 날까지 열심히 일한다.'는 비전을 새로 세우고 죽을 때까지 일을 하였다. 그는 자신의 경영능력에 한계를 느끼어 회사를 다른 사람에게 팔고 자신은 다시 그 회사에서 월급을 받으며 자문과 홍보 역할을 맡았다. 결국 KFC를 세계적인 패스트푸드 체인점으로 번성시켰으며 그는 90세까지 열심히 그의 비전을 실현하였다.

비전의 실현에는 역경이 따르지만 포기하지만 않는다면 언젠가는 실현된다는 것을 꼭 기억해두자.

두려워하지 말라, 비전은 공짜다

저자는 학교에서 많은 젊은이들을 만난다. 요즘의 젊은이들에게 꿈이 무어냐고 물어보면 꿈이 없거나 깊게 생각해 본적이 없다는 이야길 자주 듣는다. 꿈이 없는 사람이 많은 사회나 국가는 희망이 없다. 결국 한국 사회가 건강해지려면 젊은이들이 꿈을 가져야 한다. 그러나 비전 없이, 아무 생각 없이 잘 살고 있는 사람들에게 비전을 가지라면 두려워한다. 비전을 가져보지 않았기 때문에, 또는 비전을 갖기 위하여 어떻게 해야 할지 몰라서 당황하는 어색함도 있다. 자신에 대한 부정적인 생각이 자신을 가로막기 때문이다.

그러나 비전을 세우는 것은 돈이 들지 않는다. 다만 최소한의 시간이 들 뿐이다. 자기 자신을 콘트롤하여 원하는 것을 도출해 내고자 하는 마인드콘트롤(mind-control)이라는 것이 있다. 자신을 믿고 자신을 긍정적으로 생각한다면 무엇이든지 할 수 있다는 생각을 가질 수 있다. 그러면 자연적으로 비전이 생기고 그것을 실현하면서 도전의식이 생겨 성공에 이르게 된다.

그러나 일반적인 사람들은 살면서 큰 비전을 갖지 않았기에, 평범한 삶을 살고 있기에 비전을 세우기보다는 하루하루 만족하는 생활을 하고 있다. 그러다 보니 큰 비전이 필요없는 것이다. 때로는 비전을 세웠다가 현실적인 문제나 자신의 나태함으로 인하여 중도에 포기하는 경우도 있다. 이러한 경험은 다시 비전을 세우는 것에 대하여 불편한 생각을 가질 수밖에 없다. 그러나 "인생은 즐겁게 살기 위해서는 아무 일 없는 평온한 삶의 연속이기 보다는 적당한 긴장감을 가지고 사는 것이 좋다."라는 말이 있다. 따라서 자신이 실천할 수 있는 적당한 비전은 자신의 정신과 생활을 건강하게 하는 힘이 된다.

대부분의 사람들은 세상을 살다보면 숱한 고난과 어려움을 겪게 되고 내 의지와 상관없이 불행에 빠지기도 한다. 어느 누구도 그러한 삶을 기대하지 않는다. 따라서 이러한 삶을 줄이기 위해서도 비전을 세워야 한다. 비전을 세우는 것이 세우지 않는 것 보다 성공에 이르는 확률이 높으며, 더욱이 전혀 비용이 들지 않는데 비전은 크게 가져보면 어떨까?

하수와 고수가 바둑을 둔다고 가정해 보자. 하수는 무조건 진다는 생각을 가지고 시작하나 고수는 어떤 일이 있어도 이길 수 있다는 생각으로 바둑을 둔다. 바둑을 둘 때도 하수가 아무리 고민을 하고 나름대로 신중하게 돌을 놓아도 고수의 눈에는 이길 수 없는 수일 수 있다. 그러나 그 하수는 포기하지 않고 계속 정진한다면 분명히 고수가 될 것이다.

성공한 사람들의 특징을 보면 불가능해 보이는 일들을 충분히 이룰 수 있는 일로 판단하는 경우가 종종 있다. 이는 평범한 사람들과는 세상을 보는 다른 안목과 접근 방식을 가지고 있기 때문이다. 콜럼버스가 달걀을 세운 것처럼, 정주영회장이 물막이처럼 다른 사람들이 어려워하는 것들을 성공한 사람들은 아주 간단하게 성공을 이루어내고 있다.

여러분 비전을 세우는 것에는 두려워하지 말라. 비전은 공짜다. 단지 실천하느냐 실천하지 않느냐의 차이가 성공을 말해 줄 뿐이다.

긍정의 힘이 비전을 실현한다

어떤 사람은 99개를 가지고 있으면서도 한 개가 부족하다고 생각한다. 그러나 어떤 사람은 한 개만 가지고 있으면서도 그것이 없는 것보다 낫다고 생각한다.

탈무드에 이런 말이 있다. 아버지가 아들에게 말했다. "사람의 마음에는 두 마리의 늑대가 있단다. 하나는 긍정적인 생각을 하고 행동을 하게 하는 늑대이고, 하나는 부정적인 생각을 하고 행동을 하게하는 늑대란다." 그 말에 아들이 아버지에게 물었다. "그럼 결국에는 누가 이겨요?" 아버지의 대답은 "니가 먹이를 주는 쪽이 이긴다." 결국 우리는 긍정적인 생각을 하면 긍정적인 행동으로 이루어지고, 부정적인 생각을 하면 부정적인 행동이 이루어진다는 것을 말한다.

머피의 법칙이라는 노래가 있다. 머피의 법칙이란 노래는 그룹 'DJ덕'이 노래제목으로 사용한 것이다. 머피의 법칙은 "나쁜 일이 일어나는 사람에게는 계속 부정적인 일들만 생긴다."라는 것으로 알려져 있다. 머피의 법칙을 사회생활이나 인생살이에 적용하면, 사실은 맞는 경우보다 맞지 않는 경우가 많지만 사람이 부정적인 사고방식에 사로잡히면 얼마든지 머피 법칙이 적용될 수 있다. 하지만 역으로 이 법칙을 반대로 긍정적인 방향으로 생각한다면 좋은 일만 일어날 것이라고 생각하면 계속 좋은 일이 일어난다는 말과 같은 의미이다.

결국 부정정인 생각을 하면 부정적인 머피의 법칙이 적용되나 긍정적인 생각을 하면 긍정적인 머피의 법칙이 적용된다.

베스트셀러 목록에 올라와 있는 조엘 오스틴의 "긍정의 힘"을 보면 사람은 믿는 데로 된다고 하였다. 우리가 긍정적인 생각으로 세상을 보면 모든 것이 긍정적이고 행복해 보이나, 부정적인 생각으로 세상을 보면 모든 것이 부정적이고 불행해 보인다.

결국 우리의 비전을 세워서 그것을 달성하느냐 못하느냐는 자신의 비전을 긍정적으로 보느냐 부정적으로 보느냐의 차이다. 따라서 꼭 비전을 달성하기 위해서는 꼭 달성할 수 있다는 긍정의 힘으로 생각한다면 분명히 우리의 꿈이 달성할 것이다.

자신의 삶은 자신이 만들어 가는 것이다. 마찬가지로 긍정적으로 생각하다 보면 나의 작은 습관들이 모여 나를 긍정적으로 만들어간다. 알게 모르게 수년이 지나면 내 습관이 나를 얼마나 변하게 했는지 알 수 있을 것이다. 10년이 지나고 나면 작지만 좋은 습관들을 만들어가는 성공자의 삶을 살게 될 것이다.

항상 긍정의 눈으로 세상을 보는 습관, 항상 긍정의 말만 하는 습관, 남에게 뭔가 주는 것을 기뻐하는 습관, 문제만 제시하지 않고 대안도 제시할 줄 아는 습관, 그런 습관들을 만들며 승자의 삶을 살아 보라. 선택은 자유다. 긍정적인 생각으로 행복한 삶을 살 것인지, 부정적인 생각으로 불행한 삶을 살 것인지…

비전 수립에는 무엇을 담아야 할까?

새로운 출발을 위하여 비전을 수립하는데 있어서, 반드시 담고 있어야 할 요소가 무엇일까? 비전을 수립하는데 우선 제일 중요한 것은 개인이 실현하고자 하는 미래의 모습을 그리는 것이다. 즉 비전 수립에는 첫째, 자신이 누구인지를 아는 자아 정체성 확립이 제일 중요하고, 둘째, 자신이 이루고자 하는 성장의 방향은 어디인지, 셋째, 자신만이 가진 경쟁우위의 원천이 무엇인지, 넷째, 어떻게 비전을 수행할 것인지가 담겨져 있어야 한다.

개인의 자아 정체성 확립

개인이 비전을 세운 다는 것은 자아 정체성 확립을 바탕으로 한다. 자아 정체성 확립은 한 개인이 자기 자신의 정확한 상황에 대한 자각을 말한다. 자아 정체성을 정확히 확립해야 정확한 비전을 세울 수 있지만 자신에 대하여 정확한 분석을 바탕으로 하지 않으면 허황된 비전을 만들 수도 있기 때문이다.

자아 정체성 확립은 "나는 누구인가?"에 대한 해답부터 시작하여 다음으로는 "나는 무엇을 하고 싶은지?", "앞으로 어떻게 살 것인가?"에 대한 분석이 포함되어야 한다. 이처럼 자아 정체감의 확립은 점차 자신의 자아 개념을 구조화시키고 자신의 독특성과 진정한 나를 발견한 상태를 말한다. 따라서 정체성이 확립된 사람은 자신에 대한 가치와 자신감을 느끼며, 안정감을 바탕으로 비전만을 수립하면 된다.

그러나 만약 확고한 자아 정체감을 형성하지 못하면 자신의 역할에 대한 혼란이 일어나 허황된 비전을 만들 수도 있기 때문이다. 또한 자신의 상황을 망각하고 극단적 이상주의와 현실부정, 현실 도피 경향 간에 아무런 타협점을 찾지 못하면, 자기 부정 혹은 사회 부정으로 향하게 된다. 결국 어른이 된 후에도 정확한 비전을 갖지 못해서 일생을 좌충우돌하게 되는 경우가 허다하다.

개인의 SWOT분석

자기 자신을 정확히 알기 위해서는 자신의 상태와 환경을 종합적으로 분석해야 한다. 그러나 단순한 생각만으로 자기 자신을 분석하다 보면 주관적으로 분석하기 때문에 다른 사람들의 생각과는 다른 내용으로 자신을 분석할 수 있다. 따라서 객관적 분석이 필요한데 이러한 객관적인 분석을 위해서 필요한 것이 SWOT분석이다.

스와트(SWOT)는 원래 마케팅에서 주로 사용하는 방법으로 자신의 강점(Strength)·약점(Weakness)과 환경의 기회(Opportunity)·위협(Threat) 등의 단어에서 영문 머리글자만을 따서 붙인 것이다. SWOT분석은 단어의 뜻 그대로 자신의 능력에 대하여 강점·약점을 분석하고 환경의 기회·위협을 분석하는 것이다.

나의 강점 요인으로 나의 장점은 무엇인가?, 나의 가치는 높은가?, 경제적으로 여유가 있는가?, 시간적으로 여유가 있는가?, 나의 능력은 무엇인가?, 내가 잘할 수 있는 것은 무엇인가?, 나의 재능은 무엇이 있는가? 내가 잘하는 것은 무엇인가? 등을 분석하는 것이다. 반대로 나의 단점요인은 강점 분석 사항 중에서 그렇지 못한 부분을 분석하는 것이다.

기회요인으로 사회변화는 어떤가?, 회사의 발전 가능성은?, 자신이 하는 일의 전망과 동향은?, 나에게 찾아온 기회요인 등을 분석하는 것이다. 반대로 위협요인은 기회요인 사항 중에서 그렇지 못한 부분을 분석하는 것이다.

SWOT분석을 하는 방법은 나의 강점과 약점을, 환경의 기회와 위협을 대응시켜 나의 목표를 달성하려는 SWOT분석에 의한 전략의 특성은 다음과 같다. ① SO 전략(강점-기회전략):환경의 기회를 활용하기 위해 강점을 사용하는 전략을 선택한다. ② ST 전략(강점-위협전략):환경의 위협을 회피하기 위해 강점을 사용하는 전략을 선택한다. ③ WO 전략(약점-기회전략):약점을 극복함으로써 환경의 기회를 활용하는 전략을 선택한다. ④ WT전략(약점-위협전략):환경의 위협을 회피하고 약점을 최소화하는 전략을 선택한다.

SWOT분석의 예

Strength(강점)	Weakness(약점)
내가 일반적인 지식을 많이 안다. 잡기에 능하다. 무엇이든 붙들면 끝장을 본다.	직장을 다녀 시간이 부족하다. 인간관계가 원만하지 않다. 전문분야에 대한 지식이 깊지 않다.
Opportunity(기회)	Threat(위협)
회사에서 고급인재에 대한 요구 증가 회사가 계속적으로 발전하고 있다. 내가 맡은 분야가 더욱 비중이 높아졌다.	회사 내에서 위태롭다. 새로운 기술의 보급의 보급으로 내가 밀려나고 있다. 승진시험이 곧 있다.

SWOT 분석의 결과 얻어진 것 중에서 전략을 도출하고, 도출된 전략 중 목적달성의 중요성, 실행가능성, 차별성을 고려하여 성공할 확률이

많은 것을 중점전략으로 선정한다. 이러한 자신과 환경에 대한 분석이 현재 나의 위치는 어디이고 내가 알아야할 지식과 가져야 목표는 무엇인가를 결정하는데 도움이 된다.

자신의 능력이나 상황을 넘는 목표는 자신을 쉽게 지치게 하고 자신의 능력에 모자라는 목표는 자신을 나태하게 만들기 때문이다. 이처럼 자기가 원하는 목표를 달성하도록 자신을 바로 잡아 나가도록 도와주는 도구가 바로 자신에 대한 정확한 분석이라고 생각하여도 좋다. 정확한 분석은 정확한 목표를 만들어주며, 목표를 달성하려는 의지를 더욱 효과적으로 만들어주기도 한다. 그러다보면 여러분들은 어느새 원하는 비전을 세울 수 있는 것을 체험하게 된다.

개인의 성장 방향

비전에는 개인이 지향하고자 하는 미래의 모습과 함께 향후 나아갈 방향이 명확하게 나타나 있어야 한다. 예를 들면 "어떤 커리어를 만들어 갈 것인지?", "어떤 직업을 가질 것인지?", "어떤 일을 할 것인지?"에 대한 명확한 이정표가 제시되어 있어야 비전을 수립하는데 혼란을 겪지 않을뿐더러 주변 구성원들이 정확한 인식을 하는데 도움을 주기 때문에 좋은 기회를 추천해주거나 연결해 주는 기회를 만들어 주기도 한다. 이처럼 비전에서 개인의 정확한 성장 방향의 설정은 자신에게는 정확한 노선을 주지만, 주변 구성원들에게 구체적인 비전의 방향을 제시해 줄 수 있어야 한다.

어떤 커리어나 직업을 현재의 주력 성장 방향으로 할 것인가, 향후 되고자 하는 직업은 무엇인가, 미래의 변화에 따라 관심분야를 바꿀 것인가?, 향후 어떤 분야를 집중 공략할 것인가 하는 등의 개인의 구체적인 포트폴리오에 대한 분명한 방향성이 제시되지 않는다면 실현하기 어려운 비전을 만들 수 있다.

개인의 바람과 열망을 담은 비전

개인의 생각과 가치가 반영되지 않은 비전, 막연히 보기 좋아서 선택한 비전은 성취하기가 어렵다. 따라서 개인이 현재 그리고 미래에 바라는 것이 무엇이고, 열정을 다해 얻고자 하는 것은 무엇인가가 비전에 담겨져 있어야 한다. 또한 충분한 비전을 수립하기 위하여 자료를 수집하고 심사숙고하는 과정이 반드시 필요하다. 이러한 심사숙고하는 과정에 보다 많은 전문가들의 조언을 받을 수 있도록, 해당 분야의 먼저 성공한 사람들이나, 해당 분야의 전문가들에게 멘토링이나 코칭을 받는 것이 필요하다. 이와 같은 다양한 심사숙고하는 과정은 개인 스스로가 비전을 만드는 작업에 구체적인 역할을 수행해 줄 것이다.

달성 가능한 비전

비전에는 개인의 존재 이유와 성장 방향, 경쟁우위의 원천이 담겨 있어야 한다.

그러나 비전이 그저 허황되고 먼 이야기로만 남아 있어서는 곤란하다. 미래의 특정 시점을 고려하여 개인의의 역량과 전략으로서 충분히 달성 가능한 비전의 모습이 그려져야 한다.

반대로 열심히 노력하지 않고서도, 현재의 역량으로 충분히 달성 가능한 비전과 목표를 세운다면, 자신에게 꿈과 설레임을 주지 못할 것이다. 거기에는 도전의 짜릿함도 없고, 열망에 대한 벅참도 없다. 개인의 비전은 곧 자신의 미래가 그 곳에 바로 투영되어 나타나기 때문이다.

따라서 막연한 기대만으로 비전을 수립하는 것이 아니라, 미래 사회의 변화와 비전의 목표에 대한 정확한 이해와 예측, 개인 역량에 대한 냉철한 판단과 분석, 경쟁력 확보를 위한 합리적인 과제 도출 과정을 통해, 달성 가능하면서도 한번 해볼만한 비전과 목표가 제시되어야 할 것이다. 그래야 비로소 설레는 가슴을 안고 기꺼이 비전을 달성하기 위하여 도전하려고 할 것이다.

신뢰할 수 있는 비전

개인이 신뢰할 수 있는 비전이라는 것은, 절차적 정당성을 가지면서도 목표 실현을 위한 구체적이고 현실적인 처방전이 담겨 있는 것을 의미한다. 현실적인 처방없이 목표와 과제만을 담고 있는 비전은, 자신으로 하여금 모르는 것에 대한 불안감을 크게 함으로써 비전에 대한 신뢰도를 떨어뜨리게 될 것이다. 그렇게 되면 자신은 비전이 제시하고 있는 미래를 더 이상 믿으려고 하지 않을 것이다. 자신이 신뢰할만한 비전이 아니라고 생각하는 순간부터 새로운 비전은 그 가치와 의미를 잃게 될 것이다. 따라서, 신뢰할만한 비전을 만들기 위해서는 보다 구체적인 해결안이 함께 마련되어야 할 것이다.

비전은 전략이 있어야 실현된다

처음부터 어두운 우물 안에서 태어나 자란 개구리는 그 곳에서 빠져나오려는 노력을 하지 않는다. 우물밖의 더 나은 세상을 보지 못했기 때문이다. 현재의 상황이 고통스럽다 하더라도 더 나은 곳으로 갈 수 있다는 확신이 없다면 그 곳을 벗어나려 하지 않을 것이다.

그러나 우물밖 세상에서 자란 개구리가 우물 안에 갇히게 되면 개구리는 어떻게 하든 우물 안에서 밖으로 나오려고 노력을 한다. 개구리는 불가능하다는 것을 알아도 우물 밖으로 나오려고 도전을 하게 된다. 그것은 개구리의 현재의 상황보다 더 나은 곳으로 갈 수 있다는 확신이 있기 때문이다. 그러나 개구리는 우물 밖으로 나오려면 수많은 시행착오를 거쳐야 한다. 무조건 뛰어 올라봐야 힘만 든다는 것을 알게 되면, 도구를 이용하게 되고. 결국 수많은 도전끝에 개구리는 다시 광명을 찾을 것이다. 그러나 수많은 시행착오를 해도 우물 밖으로 나오지 못하고 죽는 개구리도 많다.

이처럼 우리는 성공을 경험하면 우물 밖으로 나오려는 개구리처럼 비전을 세우며 도전을 실천하게 된다. 그러나 실천 전략을 마련하지 않고 무작정 도전한다면 수많은 시행착오를 거치게 되어 깊은 상처 속에 영광을 얻을 수 있거나, 실패할 수도 있다.

따라서 비전을 달성하려면 확실한 실천 전략이 있어야 한다. 비전을 실천하는 전략 과정은 다음과 같다.

비전 실천을 위한 핵심 성공 요소를 파악한다.

비전을 실천하기 위한 핵심 성공요소가 무엇인지를 파악하는 것은 비전을 실행하는데 매우 중요하다. 비전에 따라서는 공부로, 사업으로, 돈으로 접근해야 할 때가 있다. 따라서 어떠한 비전이냐에 따라 각기 다른 접근 방법을 선택하여야 한다. 접근 방법이 결정되면 성공하기 위한 핵심요소가 무엇인지를 파악해야 한다. 성공을 위한 핵심요소에는 인맥, 노력, 경력이 있다. 이러한 접근 방법과 핵심요소가 결정되면 다음은 어떻게 실행할 것인가의 문제를 선정해야 한다. 어떻게 실행할 것인가에 대한 판단은 "최선을 다할 것인가, 대충할 것인가, 때를 기다릴 것인가, 지금 할 것인가 아니면 나중에 할 것인가" 등이 있다.

비전 실천을 위한 장애물을 제거시켜야 한다.

비전을 실천하기 위해서는 비전을 실현시키는데 도움이 되지 않는 것들을 최대한 제거해야 한다. 비전은 큰데 비전 실현을 위해 최선을 다하지 않으면 목적을 달성할 수 있어도 최고는 될 수 없다. 따라서 내가 비전을 실천하는데 장애물이 되는 단점이나 한계 등을 제거하여야 한다. 한 가지 일에 집중하지 못한다든지, 자신감이 결여 되었 던지, 실천의지가 없다 던지, 두려움이 없다 던지 하는 장애물을 제거하지 못하면 비전을 실행하기 어렵다.

비전과 전략을 공유한다.

비전과 전략은 주변에 있는 지인들과 공유하면 더욱 비전은 커지며 전략은 더욱 공고히 된다. 내가 세운 비전이지만 주변 사람들과 공유하면 주변 사람들과 상호작용을 통해 애초에 가졌던 비전은 점차 확고해 지며 커진다. 전략을 공유하면 주변으로부터 관심과 후원을 얻을 수 있어 비전을 실천하는데 도움을 준다. 또한 주변에서 전략을 같이 하고자 하는 인맥들이 구성되어 내가 실천하고자 하는 비전에 도움을 받을 수 있다.

전략의 주기적인 평가는 성공을 빨리 오게 한다.

자신이 세운 전략에 대한 주기적인 평가는 자신의 비전을 더욱 활기차게 만든다. 비전의 공고화는 성공에 이르는 길을 짧게 해준다. 전략에 대한 주기적인 평가는 자신이 세운 전략이 일정한 기간이 경과한 뒤에 얼마나 달성했는가를 평가하는 것이다. 자신이 설정한 측정 기준에 따라 주기적으로 전략의 실행 정도에 대하여 종합적인 평가를 실시함으로써 비전이 얼마나 실행되고 있는가를 평가할 수 있다. 이는 전략 실행 정도, 자신의 정신 자세, 환경의 변화 등 최종 목표를 실현하기 전에 자신의 비전을 실행할 수 있는 역량 수준을 분석할 수 있게 한다. 또한 자신의 비전을 실행할 수 있는 역량 수준을 분석함과 동시에 목적했던 성과로 연결되는지를 분석할 수 있게 한다. 그리고 지금까지 해온 전략 실행이 잘못된 방향으로 가는 왜곡현상을 막아 준다.

비전 선언문 작성이 절반의 성공을 가져온다

사람들은 성공을 원하고 있으면서도 자신의 목표가 정확하지 않은 사람들이 많다. 자신이 바라는 것을 정확하게 알지 못하고 성공할 수 있을까? 당연히 목표가 정확하지 못하기 때문에 성공이 무엇인지 모를 것이다.

미래를 예측하는 가장 정확한 방법은 직접 미래를 만드는 것이라는 피터 드러커의 말처럼 자신이 바라는 미래를 만들기 위해서는 지금까지와는 무언가 다른 방법을 취해야 한다. 성공한 사람들의 특징을 보면 여러 가지 공통점이 있지만 그 중에서 가장 중요한 것이 하나 같이 비전을 크게 세웠다는 것이다. 물론 성공한 사람들 중에는 비전을 세우지 않았는데도 우연한 기회에 운이 좋아서 성공한 사람들도 있지만 그리 많지 않다. 결국 자신의 미래에 대한 비전을 구체적으로 세운 사람일수록 성공에 이르는 비율이 높다는 것을 알 수 있다.

그러나 단순히 '비전'을 세우는 것만으로는 목표하는 성공을 이룰 수 없다. 성공한 사람들은 가슴에 하나같이 비전의 강력한 성취 도구인 비전선언문을 만들어서 이를 실천했기 때문이다.

여러분의 비전선언문 작성을 돕기 위해서, 다음과 같은 질문들을 드리겠다. 질문들을 통해서 여러분의 생각이 넓혀지고, 미래를 향한 꿈이 생겨나기를 바란다.

1. 당신은 5년 후, 10년 후, 20년 후, 30년 후, 40년 후에 어떤 모습으로 되어 있기를 원하십니까?
2. 당신이 나중에 닮았으면 하는 사람은 누구입니까?
3. 그 사람의 어떤 모습을 닮고 싶습니까?
4. 그 사람의 직업생활은 어떨 것이라고 생각하십니까?
5. 회사에서 해고되기 전, 또는 죽기 전 6개월 밖에 남지 않았다면, 당신은 무엇을 준비하시겠습니까?
6. 돈에 신경을 쓰지 않아도 된다면, 일생 동안 무엇을 하며 지내고 싶습니까?
7. 만일 당신이 지금보다 5년만, 10년만 젊었다면 무엇을 하고 싶습니까?
8. 3년 후 토요일 오후 6시가 되었습니다. 어디에 있으며, 무엇을 하고, 어떤 옷을 입고 있습니까?
9. 사회생활을 정리하고 노후 생활을 하여야 한다. 지금껏 여러분이 이룬 것을 3가지만 이야기하라고 한다면 무엇입니까?
10. 노후 생활을 어떻게 보내고 싶습니까?

이런 생각들은 여러분들의 미래의 비전 선언문을 작성하는데 도움이 될 것이다. 하루 앞이라도 미래를 볼 수 있는 눈을 가진 사람은 없다. 그러나 우리는 미래를 꿈꿀 수 있는 생각의 능력을 가지고 있다. 무한한 상상을 하면서, 우리가 앞으로 이루어 나갈 바람직한 비전을 만들어 보시길 바란다. 비전 선언문을 세우는 데 정해진 공식은 없다. 매년 또는 10년 단위로 작성할 수도 있고, 인생 전체를 이끌 수 있는 생활신조로 비전선언문을 만들 수도 있다.

〈표-1〉 10년 단위의 비전 선언문

20대	30대	40대	50대	60대	70대	80대
대학졸업, 취업	결혼	집 구입	임원승진	퇴사	사회봉사	은퇴

〈표-2〉 생활신조로 만든 비전선언문

● 나는 반드시 성공한다.
● 나는 성공자중에 성공자이다.
● 나는 성공하기 위해 태어났다.
● 나는 한국에서 영향력있는 지도자가 될 것이다.
● 오늘 하루는 나에게 마지막 남은 기회다
● 나는 어떤 상황에서도 미리 포기하지 않는다.
● 오늘보다 내일은 두 배나 더 열정적으로 살 것이다.
● 한계는 내가 만들어낸 기준일 뿐이다.
● 내 행복은 나의 마음에서 나온다.
● 나는 한 가지를 해서 실패하면 두 가지를 도전한다.
● 어려움을 극복하지 못하면 실패한다는 것을 인식하라.
● 언젠가 해야 할 일이면 지금하자.
● 누군가 해야 할 일이면 내가 하자.
● 내가 해야 할 일이면 더욱 잘하자.
● 절망과 고통도 즐기면 행복이 된다.
● 내 꿈을 버리지 않는 한 내 꿈은 실현된다.
● 나를 욕하는 사람이 있으면 마음 아파하지 않고 더욱 노력한다.

- 내가 가는 길이 아무도 알아주지 않는 길일수록 값진 길이다.

- 나는 새로움에 항상 도전한다.

- 나는 과거보다 현재나 미래에 초점을 둔다.

- 나는 성공자이다.

- 나는 반드시 성공한다.

위의 생활신조로 만든 비전선언문은 저자가 성공을 기원하며 만든 비전 선언문이다. 저자는 매일 위의 선언문을 되뇌이며 역량 개발을 위해 노력하고 있으며, 성공을 향해 도전하고 있다. 여러분들도 자신의 비전선언문을 만들고 매일 반복해서 읽어보기 바란다. 그러면 여러분들의 잠재능력이 발견될 뿐만 아니라 생활 속에서 놀라운 일들이 일어날 것이다.

성공하려면 커뮤니케이션 리더가 되어야 한다

스피치와 커뮤니케이션을 잘하기 위한 전략

일반적으로 스피치는 주어진 시간과 장소에서 다수의 사람을 대상으로 기술적으로 말하는 것을 뜻한다. 따라서 스피치는 인간이 생활하는데 자기표현의 수단이며 경쟁의 시대에 생존할 수 있는 무기이기도 하다. 커뮤니케이션(communication)은 사회생활을 영위하는 인간과 인간 사이에 이루어지는 사상의 교환과 전달하는 것을 의미한다. 기초적 사회과정으로 개인의 발달 및 집단, 조직의 형성과 존속을 위하여 필요불가결하며 인간 사회의 기초가 되는 것이다.

성공을 위하여 스피치와 커뮤니케이션을 잘하기 위해서는 첫째는 상대방을 설득하는 방법을 알아야 하며, 둘째는 no를 Yes로 바꾸는 감성 스피치 전략을 알아야 하며, 셋째는 상대방을 다치지 않게 하는 요청과 거절 전략을 알아야 하며, 넷째는 관계를 증진시켜주는 칭찬 전략을 알아야 하며, 다섯째는 상대방을 존중하기 위한 경청 방법을 알아야 하며, 여섯째는 공포감 해결 방법을 알고 이를 실천하여야 한다.

다음은 하위요소들을 구체적으로 실현하기 위한 사항이다.

요소	하위요소	진단 사항
스피치와 커뮤니케이션	1. 설득 전략	○ 효과적인 설득방법은 알고 있는가? ○ 상대방을 감동시킬 수 있는 방법은 알고 있는가? ○ 상대방을 존중하며 대화하는 방법은 알고 있는가?
	2. 감성 스피치 전략	○ 감성 스피치의 장점은 알고 있는가? ○ 효과적인 감성 스피치방법은 알고 있는가?
	3. 요청과 거절 전략	○ 효과적인 요청방법은 알고 있는가? ○ 효과적인 거절방법은 알고 있는가?
	4. 칭찬 전략	○ 칭찬의 장점을 알고 있는가? ○ 효과적인 칭찬방법은 알고 있는가?
	5. 경청 전략	○ 경청의 장점을 알고 있는가? ○ 효과적인 경청방법은 알고 있는가?
	6. 공포감 해결	○ 나는 말을 할 때 떨고 있는가? ○ 공포의 원인은 무엇인가? ○ 말문이 막힐때 응급처치는 알고 있는가?
	7. 평가	○ 나의 스피치 능력을 객관적으로 평가할 수 있는가? ○ 나의 스피치 능력은 얼마나 되는가? ○ 나는 평가 결과에 따라 수정이 가능한가?

스피치는
리더십을 돋보이게 하는 마술이다

피터 드러커(Peter F. Drucker)는 "인간에게 있어서 가장 중요한 능력은 자기표현이며, 현대의 경영이나 관리는 커뮤니케이션에 의해서 좌우된다."고 말하여 스피치의 중요성을 강조하였다.

굳이 피터 드러커의 말이 아니더라도 오늘날 스피치는 상대방을 설득시키고 이해시키고자 할 때 강력한 무기로 각 분야에서 활용되고 있다. 특히 취업 면접 인터뷰를 볼 때에도, 세일즈를 할 때에도, 상사에게 보고나 회의를 할 때에도, 고객과 상담할 때도, 강의를 할 때도, 전 세계 곳곳에서 새로운 제품을 소개하고 기업의 투자를 권유할 때에도 스피치로 진행되고 있는 실정이다.

"입을 열면 침묵보다 뛰어난 것을 말하라. 그렇지 않으면 가만히 있는 것이 낫다."는 독일 속담이 있다.

스피치의 성공 여부에 따라 기업의 투자와 제품의 판매와 취직이 또는 학점이 결정되는 시대가 오고 있다. 이러한 시대에 각광받는 사람이 되기 위해서는 사전에 철저히 준비하고 말 잘하는 기술을 연마하고 성공할 수 있는 노하우을 가지고 있어야 한다.

오늘날 스피치는 면밀히 계획되고 구성되어 실시되어야 하는 것으로 그 자체가 특별히 제작된 하나의 상품으로 생각되어야 한다.

따라서 스피치는 무형자산으로서 지식, 정보, 노하우로 이루어진 하나의 경영상품이라고 할 수 있다.

말 잘하는 것은 훈련의 결과다

사람들은 가끔 말을 잘하는 사람을 만나면 부러워한다. 어떻게 말을 잘할 수 있을까? 의아해 하기도 심지어는 태어나면서 갖는 재능이라고 생각하기까지 한다. 그러나 말을 잘하는 것은 후천적인 것이다. 우리는 갓난 아이 때부터 주변의 외부적인 영향에 의하여 언어능력을 갖게 된다. 일반적으로 어려서부터 책을 많이 읽거나, 말을 많이 하고 자란 아이들은 표현능력이 높아지는데 반해, 책을 많이 읽지 않거나, 소극적이고 내성적인 아이들은 말을 잘 못하는 경우가 많다. 결국 말을 잘하고 못하고 주변의 환경에 의하여 말의 습관이 형성되는 것이라는 것을 알아야 한다. 따라서 성인이 되어서도 연습만한다면 말은 잘 할 수 있다는 것이다.

영국 역사상 가장 위대한 영국인으로 추앙받았던 윈스턴 처칠은 정치인으로 세계를 변화시켰지만 더욱 유명한 것은 노벨문학상을 수상할 정도로 문학에도 조예가 깊었지만 더욱 유명한 것은 명연설가였다는 것이다. 그러나 그의 화려한 조명 뒤에는 처절한 인생의 극복이 있었다. 그는 왜소한 체구로 심한 열등의식과 매번 꼴찌를 벗어나지를 못한 어린 시절을 보냈다. 그는 자신의 불행을 극복하기 위하여 매일 다섯 시간이 넘는 독서와 연구를 통해 자신만의 지식 세계를 만들어 갔으며 자신의 인생을 물론 세계를 변화시켰다.

처칠은 두 달 일찍 태어난 조산아로서 지능발달이 늦어 학교생활에 적응하지 못하고 어린 시절을 보냈다. 그의 아버지는 항상 처칠을 가문의 수치로 여겼고 이는 어린 처칠에게 많은 상처를 주었다. 그의 아버지가 정신착란이 시작된 이후로는 처칠에게 더욱더 심한 폭언을 서슴지 않았다.

게다가 8삭동이로 태어난 처칠은 태어날 때부터 몹시 병약하여 어린 시절에는 거의 모든 병을 달고 다녔으며 열한 살 때는 죽음의 문턱까지 다녀왔다. 결국 그는 숨을 거두는 순간까지 여러 가지 병마의 그림자에서 한 순간도 벗어나지 못했다. 체격 역시 왜소하여 그에게 평생을 살면서 크나큰 콤플렉스를 가져다주었다. 무엇보다 놀라운 것은 이 시대 가장 위대한 연설가로 인정받고 있는 그는 혀가 짧았으며, 몇몇 발음들을 발음하지 못했고 말더듬증도 갖고 있었다. 또한 그는 학창 시절에 학업 성적이 거의 꼴찌였다. 성적이 나빠 대학진학을 못했으며 육군사관학교를 지원했지만 두 번 떨어졌으며 세 번째에야 겨우 합격하였다. 또한 그는 선거전에서 가장 많은 패배를 경험한 정치인으로 기록되어 있다.

그는 군에 입대하면서 체력 훈련에 몰두하여 신체적인 허약함을 이겨내려 했으며, 학문에 대한 열등감은 하루 다섯 시간이 넘는 독서와 연구를 통해 자신만의 지식 체계를 이끌어내었다. 그는 짧은 혀로 인하여 발음이 안되는 단어를 걸을 때마다 항상 연습했으며, 무대공포증을 없애기 위해 웅변 기술을 끊임없이 연습했다. 즉석에서 말하는 것이 서툴렀던 그는 명연설들은 미리 원고를 써서 암기한 것이었다. 그는 자신의 소심한 성격을 이기기 위해 전쟁에 참가해서는 가장 치열한 전투에 자진해서 몸을 던지기도 하였다.

그는 이러한 삶의 자세로 영국에서 두 번이나 수상을 지낸 정치가이자 웅변가로 명성을 날렸으며, 바쁜 정치생활 속에서도 수많은 강연과 20여권이나 되는 훌륭한 저서를 집필하여 노벨문학상을 수상했으며, 금세기 최초로 왕족 이외에 '국장'으로 장례를 치룬, 지금까지도 "가장 위대한 영국인"으로 불리우고 있다. 그가 이처럼 험난하고 불행했던 어린 시절을 극복하고 영국을 대표하는 대정치가가 되고 전 세계 사람들에게 존경을 받을 수 있었던 것이며 특히 말을 잘하가 위하여 부단한 노력을 기울였다는 것이다.

'노'를 '예스'로 바꾸는 감성스피치

감성(感性)은 이성(理性)과 대립되는 말로 느낌을 받아들이는 성질을 말한다. 과거 우리나라의 전반적인 기업문화는 획일적이고 경직되어 있어 리더의 일방적인 방침에 따라 기업이 움직여왔다. 그러나 최근 무한 경쟁의 시대에서 기업이 살아남기 위해서는 무언가 남들과 차별성이 있어야 한다. 따라서 기업들은 소비자와 사회의 욕구에 맞추기 위하여 경영에도 감성을 도입하여 많은 효과를 보고 있다. 점차 과거의 '독불장군식'기업경영에서 벗어나고 인간미 물씬 풍기는 '감성경영'이 부각되면서 새로운 기업문화로 자리잡고 있다.

과거의 스피치는 주로 이론적이고 텍스트 위주의 스피치가 주를 이루었다. 그러나 요즘에는 감성의 중요성이 높아짐에 따라 감정에 호소하는 감성스피치가 인기를 끌고 있다.

감성 스피치는 스피치에서 말투나 행동과 같은 외부적인 자극뿐만 아니라 한 걸음 더 나아가서 청중의 마음을 상대로 하는 감각정보를 통해 상대방의 감성 욕구에 부응하자는 것이다. 그러려면 인간이 가진 다섯가지 감각(시각, 청각, 미각, 후각 촉각)에 기초하여 정보를 받아들인다는 점을 핵심으로 하여 이러한 감성적 측면을 자극할 수 있는 스피치 계획을 세워야 한다.

감성 스피치는 한 마디로 청중들의 감성에 어울리는 혹은 그들의 감성이 좋아하는 자극이나 정보를 통해 상대방에 대한 호의적인 감정 반응을 일으키고 경험을 즐겁게 해줌으로써 상대방을 감동시키자는 것을 목표로 하고 있다.

사람의 뇌는 생리적으로는 몸의 각 부위를 움직이게 하지만 정신적으로는 희·노·애·락을 느끼고 생각하고 말하는 역할을 담당한다. 뇌는 크게 나누어 대뇌, 소뇌, 뇌간, 간뇌로 구성되어 있는데, 이때 오른쪽에 있는 것이 우뇌이고, 왼쪽에 있는 것이 좌뇌이다.

좌뇌는 논리적 사고와 분석적 사고의 중추로서 언어와 셈을 하는 능력과 관련이 있다. 따라서 읽기·쓰기·말하기·셈하기와 같은 기본적인 학습은 좌뇌가 받아들이고, 음악·미술·무용처럼 감상적이고 상상력과 창의력이 필요한 학습은 우뇌가 받아들이게 된다.

과거에는 분석력을 주관하는 좌뇌가 발달한 사람이 지능지수가 높은 것으로 나타났으며, 우뇌의 감정을 자극하려면 이미지나 음악 또는 동영상 같은 자료를 활용하는 것이 좋다. 그러나 너무 우뇌를 강조하게 되면 이성적으로 생각하기보다는 감각적으로 판단하려고 하게 되어 올바른 판단을 하기가 어려워진다는 것이다. 따라서 좌뇌와 우뇌를 적절하게 자극하는 스피치가 좋다 하겠다.

준비만이 성공 스피치를 만들어 준다

우리는 인생을 살면서 꼭 성사시켜야 하는 스피치가 있다. 예를 들면 꼭 입사하고 싶었던 회사의 면접이나, 마음에 드는 사람에게 하는 프로포즈, 자신의 인생을 결정하는 중요한 발표, 꼭 물건을 팔아야 할 때 등이다. 그러나 반드시 성공시키려는 의지를 가지고 있다면 스피치를 하려면 최소한의 준비를 해야 한다. 준비되지 않은 스피치는 상황을 썰렁하게 하거나 상대방의 신뢰를 떨어뜨리게 됨으로 실패하는 경우가 생긴다. 따라서 반드시 성공하기 위해서는 다음과 같이 스피치를 위한 준비를 해야 한다.

내용을 완전히 숙지해야 한다.

스피커는 자기가 스피치를 해야 할 내용에 대하여 자기가 가장 많이 알고 있다는 자신감과 함께 실제로 그 분야의 충분한 지식을 가지고 있어야 한다. 스피치를 하기 전에는 다 알고 있는 것 같아도 막상 스피치를 하게 되면 당황하면서 모든 것을 잃어버리는 경우가 많다. 따라서 스피커는 모든 내용을 완전히 소화할 뿐만 아니라 숙지를 해야 한다.

예행연습을 철저히 해야 한다.

스중요한 스피치를 위해서는 충분한 예행연습을 철저히 하여야 한다. 아무리 연습을 해도 스피치를 하고 나면 충분한 능력발휘나 가지고 있는 모든 것을 제대로 표현하지 못한 안타까움을 갖고 돌아서게 된다. 따라서 스피커는 실제와 같은 상황에서 연습하여 실전에서, 실수 없이 임해야 할 것이다. 또한 예행연습 시에는 스피치의 강조점 등을 체크하여 체크 포인트로 활용하면 좋다.

공포감을 극복해야 한다.

청중 앞에 서는 불안감을 없애지 않으면 아무리 좋은 스피치를 준비했다 하더라도 별 소용이 없다. 거울을 보면서 자신있는 표정을 연습하고, 좋은 결과가 나올 것이라고 자기 최면을 건다. 단상에서 할 말을 잊을지 모른다는 등 막연한 불안감은 뇌리에서 깨끗이 지워야 한다.

자신감에 찬 스피치를 해야 한다.

청중들은 자신감있는 스피커를 원한다. 자신감에 찬 스피커가 되기 위해서는 스피커가 자기 스피치 내용에 대한 확신을 갖고 그를 통해서 소정의 목적을 달성할 수 있다는 것을 굳게 믿는다면 어떤 스피치도 성공할 수 있다. 즉 자신감있는 스피치는 무엇보다 신념과 확신에 찬 언행으로 스피치하는 것이 대단히 중요하다. 특히 도입 부분부터 스피커의 신념에 찬 목소리로 하는 스피치로 청중을 압도할 수 있으면 감동을 전달하는 스피치가 될 수 있다.

여유있는 마음으로 천천히 스피치해야 한다.

스피치란 청중에 대한 서비스의 연속이다. 따라서 여유있는 마음으로 천천히 스피치를 해야지 스피커가 전달하고자 하는 내용을 충분히 전달할 수 있다. 만약에 급한 마음으로 스피치를 하다보면 자칫 여유를 잃고 끊기게 됨은 물론 말이 빨라져서 청중들이 이해하기 어려운 때가 많다. 이는 스피치를 정해진 시간까지 끝내야 한다는 초조감 때문인 경우가 많다. 그런 경우에는 스피치 내용 중에서 상당한 부분을 버리고 중요한 것만 전달하려는 마음을 가져야 한다.

제한된 시간을 효과적으로 활용하는 기술을 익혀야 한다.

청중들이 집중해서 들을 수 있는 시간은 제한되어 있다. 평균적으로 20분을 넘어서면 청중들은 슬슬 집중력이 떨어지기 시작한다.

개인차는 있지만 평균적으로 30분이 가까워오면 집중력이 떨어지기 시작하는데 이 시점에서 흥미를 끌 만한 실례를 들거나 질문을 하여 집중력을 끌어 올려야 한다. 최근 스피치에 활용되는 다양한 시청각 기자재를 사용하는 것도 좋은 방법이다. 또한 제한된 시간을 초과하거나 정해진 시간보다 늦게 시작해선 안된다. 시간을 지키는 것도 신뢰감을 형성하는 중요한 요소가 된다.

일관된 흐름을 가지고 요점을 간결, 명확하게 전달하는 습관을 가진다.

아무리 달변이라 해도 요점이 명확하지 않고, 장황하게 늘어놓기만 한다면 상대를 설득하기 어렵다. 먼저 스피치의 목표를 명확히 설정하고, 전달하고자 하는 핵심적인 사항을 일관된 논리 하에 간결하고, 명확하게 전달하라. 장시간 스피치를 들었을 때 청중이 기억하는 내용이 얼마나 있으리라 생각하는가? 반드시 기억해야 하는 가장 중요한 내용을 도입부와 종결부에 반복하여 인지시켜야 한다. 일관된 흐름을 갖고 요점을 명확하게 전달하는 것이 중요하다.

철저한 준비를 해야 한다.

유능한 스피커라면 전달하고자 하는 내용을 명확하게 이해하고 내

용에 대한 확신을 가져야 하며 철저하게 준비해야 한다. 또한 돌발 상황에 대처할 수 있는 임기응변 능력도 갖춰야 한다. 스피커는 어떻게 보면 무대의 배우와도 같다. 청중에게 감동을 주기 위해서 엔터테이너의 역할을 감수해야 한다. 적절한 시선 안배, 표정 연기와 음성, 세련된 손놀림과 유머감각 그리고 위기상황 대처능력을 갖춰야 한다. 리허설을 통해 연습하는 것도 하나의 방법이 될 수 있다.

설득해야 할 대상에 대하여 철저히 연구해야 한다.

스피치는 구체적인 대상이 정해져 있으며 대상을 설득해야 하는 작업이다. 누군가를 설득한다는 것은 결코 쉽지 않은 일이다. 확실한 논거를 바탕으로 이성적인 합의뿐 아니라 감정적인 호응도 이끌어내야 하기 때문이다. 따라서 사전에 대상에 대한 정보를 가능한 한 많이 수집하라. 그리고 아주 작은 성향까지도 파악해서 결정권을 갖고 있는 대상에 맞는 스피치 스타일을 개발하라. 만약 결정권자가 이 분야에 정통한 전문가라면 철저한 지식으로 무장을 해야 함은 물론 그가 생각하지 못한 뛰어난 무기를 갖고 있어야 한다. 만약 클라이언트의 스타일이 개성을 중시하는 자유로운 스타일이라면 두껍기만한 기획서와 구태의연한 진행방식은 버려라. 이 때 중요한 것은 수집한 정보의 정확성이다. 잘못 파악했다가는 오히려 낭패를 보기 쉽다. 스피치는 쌍방향의 암묵적인 커뮤니케이션이라는 점을 명심해야 한다.

밝고 긍정적으로 스피치해야 한다.

청중들은 밝고 긍정적인 스피커를 좋아한다. 좋아하는 이유를 보면 이러한 스피커들이 말하는 것은 뭔가 비전과 희망이 있는 것 같이 의미있게 들린다고 청중들은 말한다. 반면에 소심하고 부정적인 스피커는 청중들의 호감을 얻기 어렵고 스피치가 성공하기 어렵다. 부정적인 말은 자기 자신뿐만 아니라 주위에 있는 모든 사람에게 까지도 실패와 위기의식을 불어넣는 위험한 스피치가 된다. 청중이 가장 듣기 좋은 음성은 밝은 음성이고 가장 아름다운 모습은 밝은 표정이다.

상대방의 감동을 일으키는 대화 전략

남과 대화를 할 때는 기본적인 태도를 가지고 해야 한다. 기본적인 태도를 가지고 대화를 하면 그것 자체가 화자의 마음을 정화하고 그에 따른 대화도 나오게 만들어 준다. 더욱이 대화를 잘하기 위해서는 나름대로의 노하우가 필요하다. 대화의 노하우는 많은 경험을 바탕으로 얻어지는 것이기는 하지만 올바른 대화 요령을 깨우친다면 원하는 목적을 달성하는 스피치를 할 수 있다. 다음은 올바른 대화를 하는 요령이다.

첫째, 상대방을 한 인간으로 존중한다.

상대방을 인간적으로 존중하면 상대방에 대한 감정, 사고, 행동을 평가하거나 비판, 판단하지 않고 있는 그대로 받아들이는 자세를 가지게 된다. 또한 상대방이 화자의 맘을 이해하고 본인도 상대방을 존중하는 마음을 갖게 될 수 있다.

둘째, 상대방을 성실한 마음으로 대한다.

상대방과의 관계에서 성실한 마음으로 대한다. 이러한 성실함은 상대방에게 자연스럽게 대화 도중에 표현이 되며 이를 바탕으로 상대방도 성실한 마음으로 대화에 참여하게 되어 상대방과의 솔직한 의사 및 감정의 교류가 가능해진다.

셋째, 상대방을 공감적으로 이해하려고 노력한다.

우리는 가끔 대화할 때 상대방에 대하여 무조건 이해하는 듯 "다 이해해"라는 말을 자주 한다. 그러나 진심으로 상대방을 이해하기 위해서는 상대방이 가진 생각이나 느낌, 가치, 도덕관 등을 다 이해해야 한다. 상대방을 다 이해하지 못하고는 상대방과 공감대를 가지기 어렵다. 그러나 상대방의 입장이 되어 깊고 주관적으로 이해하면서도, 자기 본연의 자세를 버리는 것이 공감이다. 상대방의 감정을 이해하고 있음이 상대방에게 전달될 때 상담자는 자신이 이해받고 있다는 느낌을 갖게 된다.

넷째, 상대방을 배려하는 대화를 해야 한다.

상대방을 배려하는 대화를 하려면 나-전달법(I-message)으로 대화를 해야 한다. 나-전달법은 자신의 내면을 표현할 때 주어를 '나'로 하여 그런 느낌을 가지게 된 책임이 상대방에게 있지 않고 표현자에게 있음을 알려 주는 진술방식이다. 책임을 자신에게 두지 않고 상대방에게 전가하는 진술방식을 너-전달법(You-message)이라고 한다. 너-전달법은 불쾌한 감정을 지니거나 갈등상태에 있을 때 보통 사람들이 흔히 하는 표현방식이다. 그러나 이러한 표현은 문제를 더 크게 하거나, 관계를 더 해치는 경향이 있다. 나-전달법을 통한 자기노출은 스피치 뿐 아니라, 대인관계에서도 매우 필요한 의사소통방식이다.

나-전달법과 너-전달법의 비교

구분	나 - 전달법	너 - 전달법
표현	어제 안와서 나는 매우 걱정이 되었다.	넌 왜 그모양이니?

보기	상황 - 결과 - 느낌	비꼬기, 지시, 교화, 비판, 평가, 경고
나의 내면	걱정, 섭섭함	걱정, 섭섭함
상대의 해석	나를 걱정하였구나. 연락을 안해줘서 섭섭했구나.	나의 사정은 전혀 생각해주지 않는구나. 나를 나쁜 사람으로 보고 있구나.
개념	"나"를 주어로 하는 진술	"너"가 주어가 되거나 생략된 진술
효과	1.느낌의 책임을 자신에게 돌린다. 2.청자에 대해 부정적인 평가를 하지않기 때문에 방어나 부적응이 일어날 가능성이 적다. 3.관계를 저해하지 않는다. 4.청자로 하여금 자성적인 태도와 변화 하려는 의지를 높일 가능성이 높다. ·상대방에게 나의 입장과 감정을 전달함으로써 상호이해를 도울 수 있다. ·상대방에게 개방적이고 솔직하다는 느낌을 전달하게 된다. ·상대는 나의 느낌을 수용하고 자발적으로 자신의 문제를 해결하고자 하는 의도를 지니게 된다.	1. 죄의식을 갖게 하거나 자존심을 상하게 한다. 2. 배려받지 못하고 무시당한다는 생각 을 갖기 쉽다. 3. 반항심, 공격성, 방어를 야기하여 자성적인 태도가 형성되기 어렵고 행동 변화를 거부하도록 한다. ·상대방에게 문제가 있다고 표현함으로써 상호관계를 파괴한다. ·상대방에게 일방적으로 강요, 공격, 비난하는 느낌을 전달하게 된다. ·상대방은 변명하려 하거나 반감, 저항, 공격성을 보이게 된다.

요청과 거절에도 매너가 필요하다

우리는 세상을 살면서 대화를 하게 되면 상대방에게 자신에게 필요한 것을 이리저리 해달라고 요청하거나, 상대방의 요구를 거절하는 경우가 생긴다. 요청과 거절은 상대방이 절친한 사이에서도 신경써야 하지만 처음 만나는 사람이나, 거래처, 연인 사이에서는 상대방의 마음의 문을 닫게 하거나 아프게 할 수 있다. 따라서 요청과 거절에는 요령이 필요하다.

요청하기

스피커가 상대방에게 요청을 하게 되면 상대방은 마음의 문을 닫고 긴장하며 듣게 된다. 때로는 스피커의 말을 들으면서 어떻게 하면 거절할 것인가를 생각하고 있을 수 있다. 따라서 언제든 거절될 수 있다는 생각으로 상대방이 기분 나쁘지 않도록 주의를 기울여 대화해야 한다.

· 원하는 것에 대해서 명확히 그리고 구체적으로 표현한다.
"아무거나 먹자"보다 "자장면 먹으러 가자"

· 언제든 상대방이 거절할 수 있다는 것을 명심하고 그 거절을 받아들일 준비가 되어 있어야 하며, 만일 요청이 거절되면 그 대안을 준비한다.

"그게 안된다면 그럼 이건 어떤가요?"

· 상대방에게 부담을 주는 것은 직접화법을 쓰는 것보다 간접화법을 쓰는 것이 부드럽다.
"문 좀 닫아요"보다는 "문 좀 닫아 줄래요"

· 상대방의 대답을 액면 그대로 인정하고 존중한다. 유추해석은 오해를 불러 온다.
"네 그러시군요. 잘 알겠습니다."

· 상대방의 대답에 대한 나의 감정, 감사, 실망, 수용의사를 기분 나쁘지 않도록 정중하게 표현한다.
"그러시군요. 저는 그게 잘못된 줄 몰랐습니다. 시정하도록 하지요."

· 요청이 이루어지면 진심으로 고마움을 표현해야 한다.
"요청을 받아주셔서 감사합니다. 참으로 도움이 많이 되었습니다."

· 상대방이 거절한다고 해서 그 사안만을 거부하는 것이지 당신을 전체로 거부하는 것은 아니니 실망에 빠져서 대화를 단절해서는 안된다. 부탁을 들어주지 않은 경우, 상대방은 내심 미안한 맘이 있으므로 다음번의 부탁은 들어줄 가능성이 크다. 따라서 한 번 거절한 사람에게 다음 기회에 다시 요청하면 성사될 가능성이 있다.
"전에는 거절하셨는데 혹시 마음이 바뀌지는 않으셨나요?"

· 상대방이 거절하였다고 완전히 대화를 단절하지 말고 자신의 술

직한 마음을 표현하고 다음 기회를 기약한다. 만약 대화를 단절해 버리면 다음의 기회마저 없애는 결과를 만든다.

"제 요청에 거절해서 마음은 편하지 않지만 다음에는 꼭 거래가 성사되길 바랍니다."

거절하기

살다보면 상대방의 요청에 대하여 거절해야 할 때가 분명히 있다. 그러나 거절을 잘못하게 되면 상대방이 마음의 문을 닫을 뿐만 아니라 영원히 적이 될 수도 있다. 따라서 거절을 할 때도 상대방의 마음을 다치지 않도록 주의하면서 대화를 해야 한다.

- 도움을 요청하는 질문에는 가부를 확실히 밝혀 오해나 미련의 소지를 주지 않는다. 만약 가부를 밝히기 어려울 때는 생각할 시간을 달라고 해서 시간을 가지고 생각해본다.
- 거절의 의사표현은 진지하고 솔직하게 하려고 노력한다.
- 거절의 의사표현은 간단 명료하게, 많은 변명은 필요 없다.
- 거절의 의사표현을 할 때 "미안하다"는 말은 꼭 그렇게 느낄 때만 쓴다.
- 상대가 당신 말을 받아들이지 않을 때는 침묵을 하거나 대화를 끝낼 권리가 있다.
- 일단 거절의 의사표현을 했어도, 당신 맘은 바꿀 수 있다.
- 거절의 의사표현은 조용한 목소리로, 몸짓으로 말해서 상대방을 아프지 않게 한다.
- 거절의 의사표현은 대안을 제시할 수도 있다.
  "다른 기회에 같이 하면 안될까요?"

칭찬은 불가능을 가능하게 한다

얼마 전 나온 책중에 〈칭찬은 고래도 춤추게 한다.〉 라는 책이 베스트셀러에 오른 적이 있다. 조련사가 돌고래에 칭찬을 했더니 춤도 추더라는 내용이었다.

어느 초등학교 선생님이 재미있는 과제를 냈다. 똑 같은 꽃나무를 화분 두 개에 나눠 심은 다음, 각각 이름을 지어 주라고 했다. 다만 한쪽은 예쁜 이름을 지어주고 다른 한쪽은 형편없는 이름을 지어준 뒤, 물을 줄 때마다 그 이름을 불러주는 것이 전부였다. 아이들은 이 재미있는 과제를 수행하면서 무척 흥미 있는 깨달음을 얻게 되었다.

똑같이 물을 주는데도 '예쁜아, 예쁜아'하고 사랑스럽게 불러주며 기른 꽃나무는 보기에도 윤이 나고 튼튼하게 자랐다. 그런데 '멍청아, 멍청아'하면서 기른 꽃나무는 눈에 띄게 초라해졌다. 이처럼 동식물에게도 칭찬의 힘은 크다. 사람에게는 더 말할 것이 없다. 칭찬 한마디가 상대방 마음의 문을 열게 하고 나에 대한 호감을 갖게 하는 데 중요한 역할을 한다. 칭찬은 상대방에 대한 호감의 표현이다. 그러나 칭찬을 잘못하면 오히려 분위기가 이상해지고 서먹서먹한 관계로 가기 싶다. 따라서 칭찬은 적절한 시기와 기회에 맞도록 해야 한다.

· 칭찬을 받아들이는 것은 상대방의 호의에 대한 감사의 표시가 된다. 칭찬에 대해 품위 있게 간단한 대답과 함께 받아들임으로써 상

대방이 다음에도 칭찬을 하기가 용이하게 만들어야 한다.
"감사합니다."보다 "좋은 말씀을 해주셔서 감사합니다."

· 칭찬을 거절하는 것은 상대방의 견해를 무시해서 다른 칭찬을 하
  지 못하게 한다.
  "전혀 아닌데요."

· 칭찬이 진실이라는 것을 알도록 칭찬은 구체적으로 한다.
  "당신은 아름답군요"라기 보다 "당신 머리 스타일이 참 보기 좋아요."

· 칭찬할 때 솔직하고 진지하게, 그리고 간결하게 한다.
  "고마워요. 실은 숙제를 하고서 저도 기뻤어요."

· 칭찬을 자주 주고받는 것을 즐기자.
· 당신 자신에 대해 자랑스럽게 생각하는 것과 교만한 것은 다르다.
교만이란, 다른 사람을 깔아 뭉게고 기분 좋게 느끼려 하는 행위다.
· 칭찬은 연습할수록 잘할 수 있다.

인맥을 넓혀주는 커뮤니케이션 전략

우리는 사회생활 속에서 수 많은 사람들을 만나게 된다. 처음 만나는 사람들과의 좋은 인간관계를 맺기 위해서는 개인의 첫인상도 중요하지만 대화방법도 중요하다. 대화전략이 좋으면 자신의 단점을 보완하고 좋은 인간관계를 맺어 준다. 그런데 대화하는 것이 습관화되지 않고 일방적인 말만 해왔던 사람들은 오히려 사람과의 만남에서 대화가 어색하게 되고 부정적인 인간관계를 맺는 경우가 많다. 따라서 좋은 인간 익맥을 잘 맺기 위해서는 다음과 같이 상황에 따라서 물 흐르는 듯이 대화를 진행하는 것이 좋다.

대화의 시작

· 처음에는 어색함을 깨기 위해 일상적인 가벼운 이야기로 대화를 푼다.

"오늘 날씨 좋지요", "차가 많이 막혔지요?"

· 상대방에 대한 관심을 표현하기 위하여 상대방이 하는 것을 본 후 물어 본다.

"뭘 읽고 계시나요?"

· 선의를 표현하기 위하여 무엇인가를 제공한다.

"커피 한잔 드시겠어요?" "내가 좀 도와줄까요?"

· 공감대를 갖기 위하여 같이했던 활동에 대해 거론한다.

"전에 같이 본 영화장면 같다."

· 상대방을 인정하는 의미에서 타인의 외양이나 행동을 칭찬한다.

"오늘 따라 옷이 참 어울리네요."

· 내가 하고 있는 일에 참여하기를 부탁하여 동질감을 갖는다.

"우리 같이 등산가지 않을래요?"

· 대방이 필요할 것 같은 일에 당신 자신의 의견이나 경험을 나눈다.

"지난 모임은 정말 좋았지요."

· 상대방이 친근감을 갖도록 자기 소개와 인사를 정중하게 한다.

"초면이시죠? 저는 ***라고 합니다. 만나서 반갑습니다."

· 상대방을 존중하는 의미에서 의견이나 충고 정보를 구한다.

"등산해보시니 어떠세요?"

· 남들과 똑같은 식의 인사법에 권태를 느끼지 않도록 자신만의 독
특한 인사법을 준비하여 인사한다.

"안녕하세요. 용감한 ***입니다."

대화의 유지

· 일반적으로 균형, 교환, 보답의 원리를 지킨다. 되도록 균등하게
대화를 주고받는다.
· 자신의 의견을 보여준다.
"네 상당히 좋은 생각이군요."

· 개방질문(open question)을 한다.
"파란색이 좋지"보다 "어느 색이 좋니?"

· 상대방이 싫증을 내는 기색이 보이면 자연스럽게 대화를 전환한다.
"그 얘기를 하니 다른 이야기가 생각나는군요?"

· 상대방의 말을 잘 들어주고 그대로 반복하거나 주제를 더 보완하
거나 다른 주제에 연결 역할을 한다.
"우와 정말이니 역시 넌 최고다. 그래서 다음에는 뭘 할건데?"

· 개인적인 정보, 견해, 경험을 나누면 대화가 더 의미 있게 된다.
"전에 그 집에서 먹었던 김치찌개가 맛있지 않았니?"

· 처음부터 개인적 문제를 모두 쏟아 놓지 않는다.
"나는 사실 부장님과 사이가 안 좋아?"

대화의 종결

· 좋은 호감을 가지고 있음을 암시하고 항상 인식하고 있다는 것을
알린다.

"오늘 이야기를 들어보니 당신이 맘에 드는 군요. 다음에 또 찾아뵙고 싶군
요."

·상대방과의 만남에 대한 기쁨을 최대한 표시한다.
"오늘 선생님 덕분에 참 즐겁게 얘기 나누었습니다."

·상대방을 기분 나쁘지 않게 대화를 자연스럽게 끝내기 위한 방법
-모임 장소에서 다른 사람을 당신이 얘기하고 있던 이에게 소개한다.
-주변을 정리한다.
-슬쩍 당신 시계를 보아 갈 시간임을 암시한다.
-약속이 있어서 가봐야 한다고 하고, 다시 만날 것을 제의한다.

대화를 잘하는 사람은 경청도 잘한다

사람의 귀는 외이(外耳), 중이(中耳), 내이(內耳)의 세 부분으로 이루어져 있다. 이렇게 귀가 세 부분으로 이루어졌듯이, 남의 말을 들을 때에도 귀가 세 개인 양 들어야 한다고 선인들은 경청의 중요성을 강조하였다. 경청을 하려면 상대방이 말하는 바를 귀담아 듣고 하지 않는 심중의 말은 무엇인지를 신중히 가려내며, 말하고자 하나 차마 말로 옮기지 못하는 바가 무엇인지도 귀로 가려내야 한다고 했다.

그러나 한 연구보고에 따르면 85% 이상의 사람들이 경청능력에 있어서 평균 이하였고 5%에도 못 미치는 사람들만이 우수하거나 뛰어나다는 평가를 받았다고 한다. 대부분의 사람들은 남의 말을 잘 들으려 하지 않고 다음에 무슨 말을 할까에 더 신경을 쓰기 때문에 결과적으로 자신이 청취한 전체내용의 25%만을 경청하게 되고 나머지 75%는 그냥 흘려 들어버리게 된다고 한다.

경청에는 소극적 경청(침묵)과 적극적 경청(반영적 경청)으로 나눌 수 있는데 소극적 경청(침묵)은 아무런 말도 하지 않은 것으로 모든 것을 수용한다는 것을 의미한다. 소극적 경청은 상대방으로 하여금 더 많은 이야기를 털어놓도록 격려해 주는 효과적인 비언어적인 메시지이다. 화자가 말을 많이 하면 상대방은 자신의 문제를 이야기할 수 없다. 내가 침묵하면서 상대방의 이야기를 수용하면서 경청하면 공감과 온정을 전달할 수가 있다.

반면에 적극적 경청(반영적 경청)은 화자가 단순히 듣기만 하는 것이 아니라 상대방의 속마음을 정확히 이해하고 언어적인 반응을 나타내는 것을 말한다. 적극적 경청이 소극적 경청보다는 훨씬 더 많은 상호작용을 일으킬 수 있으며 상대방의 기분을 좋게 할 수 있다.

효과적으로 경청하는 방법을 보면

· 화자는 모든 청자들이 궁극적으로 자신의 문제를 스스로 풀어갈 수 있는 능력을 가지고 있다는 신념을 가져야 한다.

· 청자가 어떤 느낌을 표현하든지 그 느낌을 그대로 수용할 수 있어야 한다. 청자의 반응에 대하여 어떠한 평가적인 용어를 사용해서는 안된다.

· 화자는 청자들의 느낌이란 일시적일 수 있다는 점을 이해하고, 적극적 경청은 청자들의 느낌을 변화시킴으로써 감정을 누그려 뜨려주고 그런 감정에서 벗어날 수 있게 해줄 수 있다는 신념을 가져야 한다.

· 화자는 청자들의 느낌이란 일시적일 수 있다는 점을 이해하고, 적극적 경청은 청자들의 느낌을 변화시킴으로써 감정을 누그러뜨려주고 그런 감정에서 벗어날 수 있게 해줄 수 있다는 신념을 가져야 한다.

· 화자는 청자와 공감하여야 하지만 청자의 감정에 말려들지 않도록 객관성을 유지하려고 노력해야 한다.

· 화자는 문제를 가진 청자를 진정한 사랑으로 도와주려는 자세를 가져야 한다.

· 화자는 청자들이 처음부터 문제의 핵심을 꺼내지 않는다는 점을 이해하고 인내를 가지고 문제의 핵심을 찾도록 노력해야 한다.

스피치에 대한 공포감 해결이
성공의 시작이다

우리나라 사람들은 청중 앞에서 하는 스피치문화가 생활화되어 있지 않기 때문에 스피치를 앞두게 되면 스피치 경험이 없는 사람들은 보편적으로 심한 스트레스를 느낀다. 실제로 통계자료를 보면 우리나라 직장인 열 명 가운데 아홉은 업무와 관련한 각종 발표 때문에 심한 스트레스와 심적 부담을 느낀다고 한다.

요즘은 입사 때부터 발표 능력을 갖춘 창조적 인재상을 요구하고 있으며 기업환경이 점점 '커뮤니케이션'을 중시하는 문화로 바뀌어가면서 집단토론, 브리핑, 스피치, 제안, 기획회의, 고객 상담이 늘어가고 있다. 제아무리 회사를 살리고 빛나는 생각과 톡톡 튀는 아이템을 가지고 있다고 할지라도, 이를 고객이나 직장상사 앞에서 효과적으로 표현해 내지 못한다면 성공적인 목표를 달성할 수 없다. 따라서 스피치 능력은 자신의 미래를 발전시키는 중요한 결정요인이며 나아가 회사를 발전시킬 수 있다.

사람은 누구나 스피치를 하게 되면 긴장하고 떤다.

누구든지 처음 스피치를 하게 되면 여러 사람 앞에 선다는 생각만으로도 긴장을 하고 실제로 강단에 서서는 사시나무 떨듯이 떠는 경우가 많다. 그러다 보니 몸이 떨려 목소리까지 떨리게 되고 결국 혀가 뒤엉켜서 말까지 더듬게 된다. 그렇게 되면 아무리 많은 것을 안다 해도 제대로 전달하기는 커녕 말 한마디 제대로 하지 못하고 강단을 내려오는 경우가 있다.

스피치를 자주하는 분들도 대상에 따라서는 떨려서 제대로 스피치를 하지 못하는 경우가 있다. 이러한 이유는 자신보다 청중들이 높은 지위를 가졌거나 전문가라고 생각해서 자신감이 없어지기도 하고 스피치하는 자신의 초조함에 온갖 신경을 쏟다 보니 스피치 내용이 생각나지 않게 되어 말이 헛 나오며 스피치 내용은 더욱 뒤죽박죽되기도 하고, 두서가 없어지기도 한다.

많은 사람들은 청중 앞에 서면 여러 가지 정신적인 변화와 신체적인 변화를 겪는다. 스피치에 대한 공포 증세는 스피커가 자신없어 하는 것을 청중들이 알게 하며 신뢰감을 잃기 쉽다.

떨림과 공포에 대한 실체를 알면 공포는 사라진다.

사람은 누구나 사람들 앞에 서면 정도의 차이는 있지만 떨리고 흥분한다. 사람은 두려움과 흥분이 생기면 상황을 피하려는 노력을 하게 되는데 이를 회피반응이라고 한다. 그러나 어쩔 수 없이 상황에 부딪쳐야 하는 경우에는 상황이 발생하기 전부터 미리 불안을 느끼는데 이를 예기불안이라고 한다. 피할 수 없는 정도가 클수록 일상생활에 장애를 가져오고 극심한 불안 반응이 일어나게 된다.

그러나 어떠한 불안도 막상 일을 해결하고 보면 의의로 별것 아닌 것으로 끝나는 경우가 많아 허탈감이 생기기도 하다. 이는 우리가 공포나 불안을 느끼는데 충실했지 공포나 불안을 해결하기 위한 방법을 생각하지 않았기 때문이다. 결국 공포는 무지와 불안의 산물이기 때문에 차분히 준비한다면 공포도 사라지게 된다.

숙련된 스피커라도 스피치 도중 말문이 막히는 경우가 종종 있다. 이때는 잠시 동안 아무것도 기억할 수 없고, 상응하는 대목을 원고에서 쉽사리 찾지 못하는 경우도 일어난다. 이런 상황에서 스피커는 당황하게 되어 스피치를 망치게 되는 경우가 있다. 그러나 이럴 때 일수록 스피커는 침착해야 한다. 말문이 막히는 것을 피하기 위한 최상의 방법은 원고를 일목요연하게 구성하고 완벽하게 본인의 것으로 소화를 해야 한다. 그러나 잘 준비하였는데도 말문이 막힐 때는 다음과 같이 해서 위기를 모면한다.

- 스피치 내용을 생각하는 동안 지금까지의 스피치 내용을 다시 한 번 요약해준다.
- 창문을 열게 한다든가. 잠깐 동안 기지개를 켤 수 있게 만들어 준다.
- 청중이 메모할 수 있도록 1~2분가량 시간을 준다.
- 스피치와 관련된 내용에 대하여 질문한다.
- 아무 내색도 하지 않고 다음 항목으로 넘어간다.
- 가장 쉽게 할 수 있는 자신의 체험을 자연스럽게 이야기 하면서 주제를 다시 떠올린다.
- 완전히 생각이 나지 않아서 당황을 오래 하게 되면 솔직히 청중에게 사과하는 것이 오히려 스피커의 정직성을 살리는 것이다.

인맥이 리더의 경쟁력을 좌우한다

인맥을 잘 맺기 위한 전략

사람 사는 세상을 인간(人間)이라 한 것은 사람들 사이에 적당한 거리가 있음을 의미한다. 그 거리가 멀고 가까운 정도에 따라 소원하고 친밀한 관계가 형성된다. 우리는 그런 관계를 인간관계 또는 인맥이라 하고 서양 사람들은 휴먼 릴레이션(human relation)이라고 한다. 인간관계가 개인이 지닌 능력 이상의 힘을 발휘하여 세상살이의 성패를 좌우할 때가 많다.

성공을 위하여 인맥을 잘 맺기 위해서는 첫째는 공존지수는 인격지수에 대하여 알아야 하며, 둘째는 공존지수와 인맥지수를 높이는 전략을 알아야 하며, 셋째는 인간관계능력을 높이는 전략을 알아야 하며, 이를 실천하여야 한다.

다음은 같은 하위요소들을 구체적으로 실현하기 위하여 진단해야 할 사항들이다.

요소	하위요소	진단 사항
인간관계	1. 인맥 지수	○ 내가 알고 있는 사람들은 얼마나 되는가? ○ 내가 알고 있는 사람들은 어떤 분야의 사람들 인가?
	2. 공존 지수	○ 어려울때 나를 도울 수 있는 사람은 있는가? ○ 같이 성공을 함께 할 수 있는가? ○ 나의 적은 얼마나 되는가?
	3. 성공인맥 지수	○ 나의 잠재능력을 깨워 줄 인맥은 있는가? ○ 나의 성공을 이끌어 줄 사람은 있는가?
	4. 인맥에 투자정도	○ 인맥을 맺기 위하여 얼마나 시간을 투자하고 있는가? ○ 상대방과 만났을 때 얼마나 감동시키고 있는가? ○ 사람을 만날 때 잘 보이기 위한 노력은 어느 정도하는가?
	5. 인맥 전략	○ 나의 인맥과 얼마나 시간을 가지고 있는가? ○ 온라인 모임에 얼마나 참여하고 있는가? ○ 오프라인 모임에 얼마나 참여하고 있는가? ○ 경조사에 얼마나 참여하고 있는가? ○ 좋은 사람을 사귀기 위한 끈기는 얼마나 있는가?
	6. 인간관계 능력	○ 내가 인맥을 잘 맺기 위해 부족한 면은 어디인가? ○ 나의 인간관계 능력은 어느 정도 되는가?

인맥이 성공의 시작이다

중국에서 내려오는 격언 중에 제왕이 되려면 3가지 기(氣)를 얻어야 한다고 한다는 말이 있다. 첫째는 하늘의 기운(天氣), 둘째는 땅의 기운(地氣), 그리고 마지막으로 세 번째는 사람의 기운(人氣)를 말한다. 하늘의 기운과 땅의 기운의 경우 매우 추상적인 것이며 하늘에서 내리는 것으로 일반인들에게는 조금 접근하기 어려우나, 사람의 기운(人氣)는 누구나 접근이 가능한 것이다. 사람의 기운은 현재도 '인맥관리'라는 말로 널리 쓰이고 있다.

미국 카네기 멜론 대학에서 흥미로운 조사결과를 발표한 적이 있다. 사회적으로 성공한 사람들 10,000명을 대상으로 성공의 비결을 물어보았다. 그런데 종래의 성공조건이라 믿어왔던 지적능력이나 재능이 성공에 미치는 영향은 불과 15%에 지나지 않았으며, 나머지 85%의 성공요인은 바로 인간관계였다는 것이다. 조사 결과를 정리하면 아무리 지적능력과 재능이 뛰어나다 하더라도 인간관계에 대한 능력이 부족하면 성공을 이루기가 어렵다는 결론을 얻을 수 있다.

우리나라에서도 인터넷 취업사이트 '파워잡'에 따르면 대학생 632명을 대상으로 '인맥관리 의식'에 대해 설문조사한 결과, 인생에서 인맥이 '매우 중요하다'는 대답이 69%, '다소 중요하다'는 응답자가 22.5% 등 10명 중 9명이 인맥이 중요하다고 대답했다.

왜 인맥이 중요할까? 우리나라 옛 속담 중에서 "팔이 안으로 굽는다"

는 말이 있다. 우리는 유전적으로 내 가족, 내 친척, 내 친구에게 아무래도 마음이 더 가게 마련이다. 전혀 모르는 사람보다는 옷깃이 한번 스쳤더라도 안면이 있는 사람에게 눈길이 더 가는 것이 당연하다.

한 개인이 자신의 능력만을 가지고 성공하기 위해서는 난관도 많고 시간도 많이 걸린다. 그러나 한 단계씩 성장하는데 중요한 인맥에 의하여 도움을 받는다면 수많은 시간을 절약하고 난관을 쉽게 극복할 수 있을 것이다. 그래서 인생을 살면서 운이 좋아 성공한 사람들을 보면 대부분 좋은 인맥을 통하여 고속승진을 하거나 돈을 많이 벌 수 있는 기회를 가졌기 때문이다.

인맥을 자신의 성공과 결부시키는 것이 너무 인간관계를 목적으로 치부한다고 비난 할지라도, 복잡한 현대 사회를 살아가기에는 혼자의 힘으로는 살 수가 없다. 자기 혼자 아무리 뛰어난 재능을 가진 사람이라도 혼자서 이 세상의 모든 것을 다 해결할 수가 없기 때문이다. 결국 내가 가지고 있지 않은 능력을 남들이 보충해주거나 서로가 가지고 있는 장점을 공유한다면 리더로서 성공하는 데 도움을 받을 수 있다.

남에게 도움 받기를 싫어하는 분들도 혼자 이 세상을 살아가는 것보다는 누군가 나를 지켜봐주고 격려해 주는 사람이 있다는 것만으로도 이 세상을 살아가는 것이 너무 행복할 것이다.

여러분은 나를 걱정해주는 사람을 주변에 두고 계신가요? 내가 힘들 때 찾을 수 있는 사람이 있나요? 나를 성공으로 이끌어줄 사람이 있으신가요?

성공하려면 공존지수를 높여라

　21세기에는 바야흐로 공존의 시대. 세상은 다양한 사람들이 공존해 있고, 특히 직장생활에서는 구성원들 간의 관계가 중요하다. 더욱이 우리 사회는 수직적이고 권위적인 사회에서 수평적 민주적인 사회로 전환하고 있다.

　그런 뜻에서 지난 20세기가 지능을 측정하는 IQ와 감성지수라 불리는 EQ를 중시하였다면, 현재 21세기에는 인간관계 정도를 측정하는 인맥지수(NQ, Network Quotient)가 화두로 떠오르고 있다. 바야흐로 21세기는 사람의 인맥이 경쟁력을 좌우하고 있다고 할 수 있다. 인간관계도 혈연, 지연 등의 강한 인간관계에서 동아리나 온라인상의 커뮤니티 등으로 유대가 약한 인간관계로 확대되어가고 있다.

　인맥지수는 다른 사람들과 더불어 살아갈 수 있는 능력이 있는지 알아보는 척도가 되기 때문에 공존지수(共存指數)라고도 한다. 그러나 공존지수는 인맥지수와는 차이가 있다.

　인맥지수는 다른 사람과 얼마나 인간관계를 맺느냐를 따지는 수량적인 의미인 반면에, 공존지수는 내가 맺은 인맥과 어떻게 하면 공존할 수 있는 공존의식이 바탕이 되어 있기 때문에 질적인 의미라고 할 수 있다. 또 한가지의 차이는 인맥지수는 지속성이나 발전성이 없는 반면에 공존지수는 공존의식을 바탕으로 하고 있기 때문에 지속성이나 발전성이 있다고 할 수 있다.

　요즘 인맥의 중요성이 커지면서 수량적으로 많은 인맥을 구축하기 위하여 노력하는 사람들이 많이 증가하고 있다. 그래서 각종 모임에는 다른 사람들의 명함과 주소록을 받아 자기의 인맥지수로 등록을 한다. 그리고는 다른 사람들에게 자신과 다른 사람들과의 친분을 자랑하는 사람이 많다. 한 번의 인사를 나누고 명함을 교환했다고 다 자기의 인맥이라고 보기에는 어렵다. 명함을 준 사람은 기억도 못하는 경우가 많기 때문이다. 따라서 수량적인 인맥지수를 높이기보다는 오랫동안 인간관계를 지속할 수 있는 공존지수를 높이는 것이 좋다. 인맥지수는 낮더라도 공존지수가 높으면 인간관계가 지속적이며 발전적일 수 있기 때문이다.

　여러분들은 인맥지수가 높은가? 공존지수가 높은가?

좋은 인맥은 인생을 바꾼다

좋은 인맥은 인생을 살아가는데 중요하다. 그렇기에 좋은 인연과의 만남은 우리 인생에서 정말 중요하다. 세상에는 완벽하게 좋은 사람도 없고 완벽하게 나쁜 사람도 없다. 대부분의 사람은 내게 좋은 인연이냐, 나쁜 인연이냐의 차이일 뿐이다. 다른 사람에게 아무리 좋은 사람도 나에게 악인이 될 수 있고, 나에게 아무리 좋은 사람도 타인에게는 악인이 될 수 있다. 어떻게 보면 좋은 인맥이라는 것은 나에게 좋은 인연이 있는 사람과의 관계를 맺는 것이라 할 수 있다.

사회적으로 성공한 사람들을 보면 좋은 사람을 인연으로 만듦으로써 인생이 바뀌는 경우가 많다. 미국에서 출생한 20세기의 위대한 여성인 헬렌켈러 그녀는 태어난지 9개월만에 열병을 앓아 눈과 귀가 멀게 되었다. 시간이 갈수록 헬렌은 점점 난폭해지기 시작했다. 정신병원에까지 보내져 괴성을 지르고 사나울대로 사나운 모습이었다. 의사들은 불가능을 선언했다. 그리고 온 종일 독방에서 생활하게 되었다. 하지만 헬렌은 설리번선생님을 만남으로 인생은 180도 완전히 바뀌기 시작하였다.

설리번 선생님은 헬렌의 삶을 만든 사람이기도 하다. 설리번 선생님은 헬렌의 손바닥에 글씨를 써서 사물들의 이름을 헬렌에게 가르쳐 주었다. 쉼 없는 사랑과 인내로써, 어둠 속을 헤매던 헬렌에게 말과 글은 물론 인생의 참의미를 깨우쳐 주었다. 헬렌은 설리반으로부터 사랑에

서 노력을 배웠고 노력에서 성취를 배웠고 성취에서 인내를 배웠고 인
내에서 기쁨을 배웠고 기쁨에서 용기를 배워 불가능 100%였던 헬렌켈
러는 20세 때 하버드 대학에 입학하였다. 헬렌은 전세계 장애자들에게
희망을 주었고, 다양한 활동으로 "빛의 천사"로도 불렸다.

　이런 헬렌켈러의 위대함은 설리반 선생님의 헌신적인 사랑이 있었기
때문에 가능했다. 무엇보다 설리반 선생님이 조건적인 사랑이 아닌 쉼
없이 주는 위대한 사랑이었기에 짐승같은 한 여자 아이를 금세기 최고
의 위대한 여성으로 탄생시킬 수 있게 된 것이다.

　뿐만 아니라 우리나라의 대표적인 야구선수인 박찬호 선수는 스티
브 김이라는 에이전트를 만나서 미국에서 성공할 수 있었다. 세계적으
로 가장 부자인 마이크로소프트사의 빌 게이츠 회장은 스티브 발머라
는 영업의 귀재가 있었기에 오늘날 세계 최고의 기업을 만들 수 있었던
것이다.

　우리는 세상을 살아가면서 수많은 사람을 만나고 있다. 때로는 좋

은 만남으로 인하여 사람의 인생이 정반대로 바뀌어 인생이 성공으로 이르게 되는 때도 있다. 그러나 때로는 잘못된 만남으로 인하여 인생이 꼬이고 같이 망가지는 사람도 있다. 그만큼 인생에서 사람과의 만남을 통해 한 사람의 인생이 천하게도 귀하게도 된다는 사실을 생각하여 신중하게 인맥을 맺어야 한다.

그러나 무작정 좋은 인맥만 찾으려 애쓰지 말아야 한다. 만나는 모든 사람을 극진히 대우하고 정성을 다해 만나보면. 다른 사람에게는 나쁜 사람도 반드시 내게는 좋은 인연으로 만들어 질 것이다. 성공을 만드는 것은 좋은 인맥이 아니라 좋은 인연이다. 여러분들은 여러분의 인생을 바꾸어 줄만한 인연을 만나셨는지요?

인맥관리는 일찍 할수록 힘이 된다

인간은 사회적 동물이라는 말이 있다. 그만큼 사람은 사회를 떠나서 혼자 사는 것이 어렵다는 것을 의미한다. 사람들은 타인과 무관하게 살고 싶어도 사회생활을 하다보면 직장동료, 거래처 직원, 학교 선후배 등 다양한 사람의 도움 없이는 제대로 일을 처리하기 힘들다. 많은 사람이 사회생활을 "사람에서 시작해 사람으로 끝나는 것"이라고 보는 것 도 이 같은 이유에서다.

우리나라 학부형들의 교육열은 전 세계에서 찾아보기 어려울 정도로 높다. 어려서부터 명문학교를 보내려는 노력을 아끼지 않는 사람이 많다. 그러다 보니 명문사립초등학교를 선호하게 되고 사립초등학교를 졸업하면 동창회를 통해 지속적으로 만남을 갖는다. 명문초등학교에서 어렸을 때 맺었던 인맥이 나중에 성인이 되어서도 서로를 돕고 성공에 함께 이르기도 한다. 중고등학교에서 맺은 인맥도 마찬가지다. 그러다 대학교에서 맺어지는 인맥은 평생을 따라다니는 경우가 많다.

따라서 인맥을 맺는 것은 되도록 빠르게 시작하는 것이 좋다. 나이가 젊어서 만나는 인맥들은 단순히 감정적으로 호감만 가면 맺어질 수 있지만 나이를 먹기 시작하면 조건이나 환경이 비슷한 사람들끼리 인맥을 맺을 수밖에 없다. 그래서 고등학교 동창들이 인생을 살아가는데 가장 좋은 인맥이라고도 한다.

세계에서 가장 위대한 몽골의 칭기즈칸도 자신의 꿈을 실현하기 위하여 9살 때부터 쟈무카라는 친구를 사귀었다. 쟈무카는 옆 부족장의 아들이었고, 칭기즈칸은 버려진 몰락한 부족장의 아들이었다. 칭기즈칸은 쟈무카를 사귀기 위하여 사막을 20km씩 걸어가서 친구를 만났으며, 여러 차례 형제의 맹세를 하여 혈육보다 끈끈한 친구가 되었다. 칭기즈칸이 청년이 되어 여러 차례 위험에 빠졌을 때 쟈무카가 살려주었다. 어렸을 때 맺었던 인맥이 성인이 되어 자신의 목숨을 살리는 관계가 되었다. 이 둘은 청년기까지 전쟁터를 누비며 몽고의 통일을 위해 노력하였다. 그러나 성인이 되어서는 서로의 이념이 달라 결국은 원수가 되어 쟈무카가 칭기즈칸에 의하여 죽을 수 밖에 없었다.

하여간 좋은 인맥을 맺기 위해서는 가능한 한 젊을 때 일수록 많은 사람을 만나고 다니는 게 최고다. 그러다 보면 내 인생에 도움이 될 귀한 인맥들이 나타나게 된다.

진정한 인맥은 자신의 노력만큼 쌓인다

사람들은 누구나 좋은 인맥을 맺고 싶은 욕구가 있다. 그러나 마음만 먹는다고 해서 좋은 인맥이 맺어지는 것은 아니다. 좋은 인맥을 많이 가지고 있는 사람들의 특징은 자신도 좋은 사람들이라는 것이다. 인맥 맺는 것에 성공한 사람들은 많은 사람을 만나는 만큼 여러 사람들에게 좋은 첫인상을 주기 위하여 노력하기 때문이다.

사람들은 처음 만나서 약 4초라는 눈 깜박하는 사이에 얼굴 표정과 외모, 말 한마디를 통해서 상대방을 평가하게 된다. 그 이유는 얼굴 표정과 외모가 비록 그 사람의 모든 것을 나타내거나 결정짓는 것은 아니지만 사람들은 우선 얼굴 표정과 외모를 보고 판단하는 경향이 많고, 또한 깨끗하고 청결한 사람은 어디서나 환영받기 때문일 것이다.

우리는 이러한 의미에서 '패션도 전략이다.' 라고 하면서 옷차림이 취업 및 직장생활에서 성공을 가져온다고 한다. 또한 세일즈맨은 "물건을 팔기 전에 자신을 먼저 팔아야 한다."라고 주장한다. 이는 바로 이미지 컨설팅이 얼마나 중요한 것이고, 우리 생활 깊숙이 침투해 있다는 것을 알 수 있게 하는 예라 할 수 있다.

좋은 첫인상을 받는 사람에게는 다가서기가 쉽고 편하지만 첫인상이 좋지 않은 사람에게는 다다가려고 하지 않는다. 더욱이 상대방의 기억 속에서 안 좋은 사람으로 기억 될 것이다. 그러한 편견을 다시 바꾸려면 많은 노력과 시간이 필요하며 전혀 효과를 보지 못할 수 있다.

　우리가 만나고자 하는 사람은 사람을 많이 만나는 사람이기가 쉽다. 사람을 많이 만나는 사람은 사람들을 하도 많이 만나서 나름대로 사람의 유형을 평가하는 고정관념을 가지고 있다. 사원을 선발하는 면접 장소에서는 인상학에 전공한 사람을 면접관으로 초빙하여 인재를 선발하도록 하고 있다. 우리의 표정, 복장, 태도, 용모, 시선, 자세 걸음걸이와 같은 시각적 이미지뿐만 아니라 음성, 억양, 말씨, 언어와 같은 청각적 이미지를 보고 우리를 선택하느냐 마느냐를 결정한다. 미팅이나 맞선에서도 마찬가지로 상대편은 단 4초 만에 지금까지 살아온 내 인생을 나의 이미지하나로 결정한다. 따라서 모든 사람들에게 쉽고 편안한 첫인상을 주기 위해 모든 사람들은 자신의 외모와 말씨 행동들을 생각해 개선점을 찾아 실천하도록 노력하여야 한다. 아주 짧은 시간에 얼마나 자신의 첫인상을 좋은 방향으로 PR 할 수 있는 사람이야말로 진정한 자신의 성공을 준비하는 사람일 것이다.

　자신의 이미지는 다른 사람들의 좋은 이미지를 따라 한다고 해서 자신의 이미지가 되는 것이 아니고, 억지스레 짓는 미소도 자신의 이미지가 될 수 없다. 자신의 이미지를 찾는 일은 자신의 외모 또는 성격과 자신의 노력에 달려있다.

　인맥 만들기에서 가장 중요한 점은 상대에게 신뢰를 주기 위해서는 다시 한번 만나고 싶다는 끌리는 인상을 주면 상대방이 지속적인 만남을 갖고자 한다. 즉 인맥을 견고히 다지기 위해서는 볼수록 끌리는 사람이 되어야 한다. 다음으로는 상대의 인간적인 측면을 존중하여야 한다. 자신의 잇속만 챙기는 데 급급한 인맥 만들기는 실패할 확률이 매우 높다. 진정한 인맥은 사람과 사람을 잇는 '마음' 네트워크를 통해 만들어져야 오래가고 좋은 인연이 될 수 있다.

많은 친구를 사귀기보다는
한 명의 적을 만들지 말라

남을 이용하거나 배신하여 이룬 성공은 오래 갈 수 없다. 배신당한 사람은 적이 되어 이를 갈고 자신의 성공을 파괴하려고 한다면 막을 수가 없다. 겪언 중에 "대충 참여하는 1000명의 조직원보다 혼신을 다해 참여하는 1명을 이길 수 없다"는 말이 있다. 1000명의 칭송을 받는 사람도 한명의 적 앞에서는 죽을 수밖에 없다는 이야기다. 경호가 철두철미한 대통령의 나들이도 저격수 한명을 막기 어려운 것과 같다. 적이 되면 논리적이지도 않고 세상의 가치와는 전혀 다르게 오직 복수만을 꿈꾸기 때문에 타협이나 설득이 안된다.

가끔 잘나가던 유명인들이 진위를 알 수 없는 폭로성 신문기사로 인하여 사회에서 매장당하는 경우가 종종 있다. 최고의 정상에서 바닥으로 추락하는 경우에는 낙하산이 없다고 한다. 그만큼 충격이 크다는 것을 의미한다.

사람들은 그 폭로성 기사가 사실인지, 거짓인지를 구분하지 않고 단지 안 좋은 일로 신문에 났다는 것에만 관심을 가진다. 그러다 보니 나중에 사실이 아닌 것으로 판명되어도 사람들의 고정관념을 바꾸기는 어렵게 된다. 판명되지 않은 기사나 구설수로 사회적으로 기대되던 사람들이 우리의 관심 속에서 멀어져 결국에는 잊혀지는 경우가 많다. 그래서 높이 성공한 사람일수록 자신의 신상관리를 잘해야 한다. 어떠한 경우도 적을 만들어서는 안되기 때문이다. 그래서 과거에 성공하는 사

람들은 권위적인 사람들이 많았지만 요즘 성공하는 사람들은 솔선수
범하면서 자신의 것을 나누어 주는 사람들이 많다.

성공하는 사람들은 정신없이 바쁘다 보니 자신의 앞길 만 보고 생활
하게 된다. 그러다 보면 나의 성공이 남의 성공의 기회를 뺏어서 의도
하지 않게 다른 사람들에게 아픔을 주는 경우가 있다. 그래서 성공하
는 사람들은 항상 자신의 성공에 대하여 겸손해야 하며, 남에게 공을
돌려야 한다.

지금까지 쌓은 성공도 무심코 만든 1명의 적으로 인하여 수포로 돌
아갈 수 있다는 생각으로 사람들과의 만남에서 신중해야 함은 물론 상
대방을 배려하는 마음을 잊어서는 안된다.

천 명의 인맥보다
한 명의 코치를 만들어라

요즘 사회적으로 멘토나 코치에 대한 관심이 높다. 단순한 인간관계보다는 구체적인 인간관계를 원하는 현상 때문일 것이다. 코치와 멘토는 성공으로 이끌어 준다는 데서 비슷하지만 엄연한 차이가 있다.

멘토라는 말의 기원은 그리스 신화에서 비롯된다. 고대 그리스의 이타이카 왕국의 왕인 오디세우스가 트로이 전쟁을 떠나며, 자신의 아들인 텔레마코스를 보살펴 달라고 한 친구에게 맡겼는데, 그 친구의 이름이 바로 멘토였다. 그는 오딧세이가 전쟁에서 돌아오기까지 텔레마코스의 친구, 선생님, 상담자, 때로는 아버지가 되어 그를 잘 돌보아 주었다. 그 후로 멘토라는 그의 이름은 지혜와 신뢰로 한 사람의 인생을 이끌어 주는 지도자라는 의미로 사용되었다고 한다. 따라서 멘토는 상대방 보다 경험이나 경륜이 많은 사람으로서 상대방의 잠재력을 볼 줄 알며, 그가 자신의 분야에서 꿈과 비전을 이루도록 도움을 주며, 때로는 도전도 해줄 수 있는 사람, 예를 들면 교사, 인생의 안내자, 본을 보이는 사람, 후원자, 장려자, 비밀까지 털어놓을 수 있는 사람, 스승 등을 들 수 있다.

반면에 코치는 전문적으로 잘 훈련을 받은 사람이며, 개개인의 특성에 맞게 그들의 필요에 접근 해가는 방법에 숙련된 사람을 말한다. 이들은 다른 사람들이 자신이 원하는 것을 찾고 있을 때 그들의 가능성을 발견하고 개발하도록 격려, 지원하여 전략과 해결책을 더 쉽고 빨리 찾을 수 있도록 돕는 사람을 말한다.

따라서 수천명의 인맥지수를 자랑할 것이 아니라 단 한명이라도 인생의 멘토나 코치를 만들 수 있다면 시행착오를 겪지 않고 우리가 원하는 성공을 쉽게 이룰 수 있게 된다.

멘토를 조언자 또는 후견인이라고 한다면 멘티는 조언을 받는 사람 또는 추종자를 말한다. 요즘 성공을 기원하는 사람들이 사회적으로 명성이 있는 사람들에게 찾아가 멘토가 되어달라고 하는 경우가 많다. 멘토는 아무나 하는 것이 아니라 해당 분야의 전문성을 가진 사람이 하듯이 멘티가 되려면 멘티로서의 의무를 지키는 사람만이 멘티로서의 자격이 있다.

멘티는 멘토가 하는 조언을 받아들여야 한다는 것이다. 자기에게 이익이 되는것만 받아들이고 조언은 받아들이지 않는 멘티는 멘티가 아니다. 따라서 멘티가 된다는 것은 성공해야 할 책임과 멘토의 조언에 따라야 하는 의무가 있는 것이다.

멘티가 되고자 하는 사람들을 보면 깊은 사제관계의 개념으로 다가오는 사람이 있는 반면에 멘토의 전문성에 편승하기 위하여 수단으로서 다가오는 경우가 있다. "나는 전문가인 누구를 멘토로 모시고 있다." 또는 "누구를 잘 안다"라는 말로 자신의 일이 잘 풀리기를 바라는 사람이 많다. 이런 사람들의 특징을 보면 사람들이 가볍다. 인간관계를 깊고 오래 가는 것으로 생각하지 않고 한시적으로 필요할 때만 찾고 자신에게 좋은 것만 받아들인다. 이러한 유형의 사람들은 멘토의 내면적인 면보다는 외형적인 지위만 눈에 보이기 때문에 자신에게 필요없을 때는 가차없이 버린다. 버리기만 하면 문제가 되지 않지만 심지어 멘토를 배신하거나 막강한 경쟁자로 나타나기도 한다.

　좋은 멘토를 만나 성공하는 사람들은 가벼운 인간관계를 맺는 사람들이 아니라 진심으로 정성을 다해 인간관계로 만나는 사람들이다. 가벼운 인간관계를 좋아하는 사람들은 성공에 빨리도달 할 수는 있지만, 오래가지는 못한다. 성공이 오래가려면 진심으로 정성을 다하는 인간관계를 맺어야 한다.

좋은 인연은 상대방을 감동시킨다

불교에서 많이 쓰는 말 가운데 '일기일회(一期一會)'란 말이 있다. 일기일회란 평생 단 한번 만나는 것을 가르키는 말이다. 좋은 인연은 일생동안 단 한 번밖에 볼 수 없으니 최고의 정성을 다하여 만나라는 것이다.

일본 소프트뱅크는 자산규모 20조원의 일본 정보기술(IT) 업체로 재일교포인 손정의씨가 회장이다. 일본 언론들은 100년만에 한번 나올까 말까 한 혁신적인 기업가라고 떠들어댄다. 그러나 손정의씨는 처음부터 부자가 아니었다. 그러나 크게 성공해야겠다는 비전을 가지고 있었기 때문에 16세때 사가현이라는 작은 시골에서 무작정 도쿄로 상경하였다. 일본 맥도널드의 경영자 후지타 덴을 찾아가서 성공한 사람을 통해 커다란 비전을 조언을 듣고 싶었기 때문이다. 후지타 덴회장은 1971년 도쿄 번화가 긴자에 맥도날드 첫 체인점을 개설한 이후 일본 내 체인점이 3800여개로 확대된 맥도날드 재팬을 본사와 합작 설립해 32년간 사장과 회장을 지냈다.

손정의 그는 조언받기 위하여 만나려 했으나 만나주지 않자 1주일을 매달렸다. 마침내 후지타 덴이 손정의의 정성에 감복하여 만나주었다. 후지타 덴은 손정의에게 "미래사회는 컴퓨터, 인터넷의 시대가 될 것임으로 그 분야의 사업을 하라."는 조언을 하였다. 이후 미국으로 건너가 공부를 하고 귀국하여 마침내 소프트 뱅크를 설립하였다. 그리고 그는 오늘날 일본 최고의 갑부가 되었다.

우리에게는 임진왜란의 주범으로 기억되고, 일본인에게는 노부나가의 뒤를 이어 천하통일을 이룩한 영웅으로 받들어지는 인물 도요토미 히데요시가 있다. 토요토미 히데요시는 원래 천민출신으로 당시의 최고 권련자였던 오다노부나가의 신발을 가져다 주는 천한 계급이었다. 오다노부나가가 추운 겨울날 자신의 신발이 항상 따뜻함이 이상하여 토요토미 히데요시를 불러 왜 그런지 문자 추운 겨울날 주군이 발이 시려울까봐 신발을 가슴에 품고 따뜻하게 데웠다는 이유로 점점 신임을 받아, 무사가 되고 나중에는 거물로 성장하였다.

결국, 토요토미 히데요시는 비천한 신분에서, 최고의 권력자였던 노부나가를 감동시켰기 때문에 각 막부와 일본 전 영토를 통일하는 영웅적인 인물로 역사 속에 남아 있을 수 있었다.

이처럼 상대방을 감동하게 하면 상대방으로 하여금 우리의 운명이 바뀌는 도움을 받는 경우가 많다. 따라서 인생의 도움을 받고자하는 사람이 있다면 인맥을 맺고자 하는 사람을 감동시켜야 한다.

요즘처럼 다양한 사람들과의 무수한 만남 속에서 상대방을 감동시킬 수 있는 방법은 쉽다. 문자나 이메일을 통해서 만남의 기쁨을 알려주고 앞으로 좋은 만남을 기원한다는 내용을 보내보자. 처음 만난 사람이 지나치다고 생각할 수도 있지만 주기적으로 안부 인사를 보내게 되면 자기도 모르게 오래 만난 사람처럼 인식이 변해 있게 된다.

저자의 경험 중에서 지방에 있는 기업에 강의를 간 적이 있었다. 100

여명의 학습자들 중에서 나중에 강의가 끝난 후 쫓아 나온 중년 여성이 명함을 달라고 하였다. 그 분은 내 강의를 듣고 존경하는 마음이 들어 메일이라도 보내고 싶다고 하였다. 그 분은 심리분석에 대한 공부를 하고 있고 그쪽으로 강사가 되고자 한다고 하였다. 나는 수많은 강의를 다니며 명함을 달라고 해서 주어보았지만 연락이 거의 오지 않아 아무 기대도 하지 않았다. 그런데 그 분은 바로 소식을 보냈다. 바로 자기의 소개와 함께 고맙다는 이야기를 보냈다. 그 후 그분은 1주일 간격으로 문자를 보냈고 이메일을 보냈다. 얼마가지 않겠지 라는 생각을 하였으나 1년이 다 되어 가는 지금까지 연락을 하고 있다. 문제는 내 머리 속에 그 분이 각인이 되어 어디 가서 심리와 관련된 일이 있으면 그 분을 소개하게 된 것이다. 그 분은 지금 심리분석 쪽으로 하루가 바쁘게 강의를 다니며 자신의 전성기를 구가하고 있다. 메일 하나가 그 분의 인생을 바꾼 것이다.

비록 작은 것이지만 세심한 것이 조그만 감동으로 작용하여 경직된 사람의 마음을 열게 하고 좋은 인간관계를 맺게 하는데 도움이 된다는 사실을 알아야 한다.

사람만나는 것에 대한 시간을 아까워하지 마라

인터넷이 발달하고 문명이 발달하여도 사람들은 직접 만나서 이야기를 하고 싶어 한다. 그래야 신뢰감도 높아지고 구체적으로 이야기가 진행되어 서로 이해를 잘할 수 있다는 생각에서이다.

문제는 현대인들은 사는 것이 바쁘다는 것이다. 그러다 보니 바쁘다는 말을 입에 달고 산다. 그래서 사람들에게 시간을 내는데 인색한 경우가 많다. 더욱이 남이 만나달라고 하면 자기의 입장에서 시간이 남는 시간만을 활용해서 사람을 만나려고 한다.

지위가 높은 사람일수록 만나고자 하는 사람들이 많아 진다. 그래서 하루의 대부분을 사람 만나는 것으로 보내야 하는 사람들은 사람을 만나는 것에 대하여 두려워 하기도 한다. 그러나 다급한 사정을 가진 사람을 배려하는 뜻에서 특별한 시간을 내어 만나 준다면 상대방은 감동을 받을 것이다. 그러나 상대방이 숨넘어 갈듯 절박한데도 지금은 시간이 없으니 나중에 보자고 거절 하게되면 그것으로 원수가 되거나 사업이 결렬되기도 한다. 아무리 바쁘더라도 경중을 따져 상대방이 절실하게 필요로 한다면 선뜻 시간을 내어보자. 조그만 배려가 평생 동지가 될 수 있다.

반대로 내가 만나고자 하는 사람이 있다면 나의 입장보다는 상대방의 입장을 고려하여 상대방이 내는 시간에 어떻게든 내 시간을 맞추겠다는 의지를 보이면 상대방은 "이 사람이 됐구나."라면서 마음의 문을 열게 된다. 그러나 처음 만남을 약속하면서 무리하게 자신만의 편한 시간을 고집한다면 만남이 이루어지가 어렵게 된다.

　저자가 근무하는 기관에서 강사 공고를 신문에 낸 적이 있었다. 여러 사람들이 지원하여 좋은 분을 뽑게 되었다. 전형이 끝난 몇일 후 갑자기 전화가 왔다. 아직 강사를 안 뽑았냐는 것이었다. 이미 뽑았기 때문에 다음 학기에 한번 방문해 달라고 하였다. 그런데 그 분은 막무가내로 한번 보고 나서 결정을 다시 해달라는 것이었다. 저자는 난처했기 때문에 그냥 나중에 뵙자고 하였다.

　그리고 나서 바로 지방을 다녀올 일이 있었다. 3일 만에 연구실을 열려고 하니까 문 앞에서 저자를 기다리는 사람을 만날 수 있었다. 그분은 다름 아닌 4일 전에 전화를 했던 분이고 그 분은 나를 만나야겠다는 일념으로 3일째 내 연구실을 방문하였던 것이다. 그분은 이미 강사를 뽑긴 하였지만 자기가 어떤 사람인지 정확히 보여주고 평가를 받

고 싶었다고 하였다. 그래서 다음 학기라도 강의를 꼭 하고 싶다는 의견을 피력하였다. 그분의 이력서를 보니 강의 경력은 한 번도 없었지만 무엇이든 할 수 있다는 자신감과 함께 충분한 조건을 갖추고 있었다. 무엇보다 저자가 감동한 것은 3일 동안이나 기다린 정성도 그렇지만, 지금 부탁할 일도 아니고 나중을 위해서 미리 찾아온 그 분의 성의였다. 저런 성의가 있다면 분명히 모든 일에 최선을 다할 것이라는 믿음이 생겼다. 결국 그분은 다음 학기부터 강의를 시작하게 되었고, 학습자들로부터 인기가 높았다. 지금은 그의 성실성과 성실한 인간관계로 여러 대학에서 강의를 바쁘게 하고 다니신다.

좋은 인맥일수록 나를 찾아올 리 없으니, 내가 먼저 좋은 인맥을 찾아 나서고 시간을 내어 투자해 보라. 그러면 투자한 시간보다 몇 배의 좋은 결과가 돌아 올 것이다.

좋은 인맥을 맺으려면 전략을 세워라

인맥지도를 그려라.

좋은 인맥을 맺기 위해서 가장 먼저 해야할 일은 자신의 현재 인맥 상태를 점검하는 것이다. 인맥 상태를 점검하는 데 효과적인 것이 자신의 인맥지도를 그려보는 것이다. 인맥지도는 크게 친목 지도와 전문 지도로 나눌 수 있다.

친목 지도는 말 그대로 아무 이해관계 없이 오직 친목을 중심으로 인맥을 분류한 것으로, 가족, 동창, 지역, 사내, 업계, 사외 인맥 등이 분류 기준이 된다. 가장 일반적인 형태이고 분류가 복잡하지 않으므로 신입 사원이나 인맥이 그리 넓지 않은 경우에 수월하게 그릴 수 있다는 장점이 있다.

반면에 전문 지도는 전문분야를 분류 기준으로 나의 사업과 연관하여 인맥을 분류한 것이다. 예를 들어 정치, 경제, 법조, 비즈니스, 문화, 금융, 예술, 체육, 행정관계 등의 분류를 들 수 있는데, 인맥 관계가 넓고 복잡한 경우에 활용하면 좋다.

인맥지도를 그리면 이를 통해 자신이 부족한 인간관계가 어느 부분인지를 알 수 있다. 또한 반드시 관리했어야 하는데 미처 살펴보지 못했던 관계가 있는지 파악하는 데 도움을 줄 수 있다. 따라서 인맥 지도를 통한 점검을 하고 난 후에는 자신의 인간관계를 정비하거나 부족한 인간관계를 보충하는데 도움을 받을 수 있다.

인맥은 시간과 비례하고 거리에 반비례한다.

사랑은 시간과 비례하고 거리에 반비례한다. 인간관계도 그렇다. 시간을 내어서 자주만나면 할 이야기도 많고 자꾸 보고 싶다. 그러나 아무리 친한 친구 관계였어도 오랫동안 만남을 갖지 못하면 오랜만에 만나서 할 이야기가 없어져 오리려 서먹서먹한 경우가 많다. 따라서 좋은 인맥을 구성하면 자꾸 만날 수 있는 다양한 모임과 행사를 개최하고, 인맥을 묶을 수 있는 이벤트, 프로젝트를 추진하고, 단체와 조직을 만들어야 한다. 그래야 주기적으로 만날 수 있는 기회가 주어져 인맥끼리 돈독한 정도 들고 할 이야기도 많아진다.

바쁘면 온라인에서 만나라.

인맥관리를 바빠서 하기 힘든 사람이라고 할수록 인간관계가 좁다는 것을 알 수 있다. 좋은 인맥을 많이 맺은 사람일수록 바쁘지만 사람과의 만남에 많은 시간을 투자하고 있다. 오프라인 상에서 시간을 내기 어려워 좋은 인맥을 형성하는데 어려움이 있다면 온라인에서 인맥을 맺어 보라. 요즘은 사이버 상에서 만나 결혼을 할 정도로 바쁜 현대인들의 인맥지수를 높이는 데 인터넷이 크게 기여하고 있다.

인터넷에서 좋은 인맥을 맺는 방법은 좋은 인맥들이 많이 모여 있는 커뮤니티, 블로그, 미니홈피를 방문하여 회원으로 가입해보자. 또한 자기가 좋아하는 언론계, 정계, 재계 등에서 개설한 인터넷 사이트를 찾아서 활동해 보자. 더욱 인맥을 넓히고 싶으면 온라인 상의 동문회, 지역모임, 취미모임, 스터디모임, 비즈니스모임에 참여해보자. 몰라보게 많은 인맥을 만들 수 있다. 친한 인맥들과도 지속적인 만남을 위해서 MS의 MSN, 네이트 온, 다음 터치 같은 메신저를 이용하여 짧은 시간이나마 인사라도 나누어 보자. 그러나 온라인상의 인맥을 오프라인에서도 좋은 인맥으로 변환하려면 단순한 가입에서 벗어나 게시판에 글을 올린다든가 온라인상에서 이루어지는 각종 이벤트에 참여해보자. 자연스럽게 회원들에게 궁금한 인물로 떠오르게 되어 오프라인 모임에서 좋은 인맥을 맺을 수 있다.

오프라인에서 만나라

오프라인 상에서 많은 인맥을 맺고 싶으면 부지런해야 한다. 자신의 시간을 효율적으로 관리하여 최대한 오프라인에서 이루어지는 각종 모임에 참여를 해야 한다. 오프라인 상의 모임은 자신의 업무와 크게 관련이 없더라도 참여가 가능한 모임들이 많이 있다. 예를 들면 팬클럽, 취미모임, 후원회, 평생교육 기관에서 이루어지는 각종 교육 프로그램, NGO단체, 정당, 공청회, 각종 협회나 연합회, 학습동아리, 종교 활동, 여행사에서 모집하는 패키지 여행, 단골 거래처, 자원봉사 등에 참여해보자. 다양한 분야에 몰라 보게 많은 인맥이 생길 것이다.

경조사에는 꼭 참여하라.

삼성경제연구소가 운영하는 '세리CEO'에서 회원들을 대상으로 조사한 결과 역시 CEO가 될 수 있는 최고 덕목으로 '대인 지능'이 꼽혔다. 한마디로 인간관계를 잘 맺어야 직장 내에서 성공할 수 있다는 얘기다. 실제 장수 임원, CEO의 특징은 회사 내에서 '적(敵)'이 없다는 점이다. 그리고 임원이 돼서도 임직원, 거래처 주요 인사들의 경조사는 무슨 일이 있어도 챙겼다고 한다. 경조사의 참여가 조직원들로부터 신망을 이끌어 내고, 경영 실적에도 반영 된다는 설명이었다. 우리나라 사람들에게 경조사는 다른 모임과 비교하여 각별하게 생각하고 있으므로 경조사에는 꼭 참석을 하도록 해야 한다. 그 중에서도 어려운 조사에는 꼭 참석하도록 해야 한다. 기쁠 때 찾아오는 사람은 전부 기억이 안 나도 어려울 때 찾아온 사람은 전부 다 기억에 남는 법이다. 이러한 맥락에서 어려운 사람들을 만나면 그 일을 도와주어 보라. 그러면 도움을 받은 사람은 평생 멘티가 되고 추종가가 될 수 있다. 남들이 어려울 때는 도와주는 습관을 가져보자. 그러면 좋은 인간관계를 맺을 수 있는 절호의 기회가 된다.

좋은 인맥을 맺으려면 끈기를 가져야 한다.

좋은 인맥은 하루아침에 만들어 지지 않는다. 후한(後漢) 말기 유비와 관우와 장비와 의형제를 맺고 무너져 가는 한(漢)나라의 부흥을 위해 애를 썼지만 기회를 잡지 못하고 허송세월만 보낸 채 탄식하였다. 유비는 그 이유를 유효적절한 전술을 발휘할 지혜로운 참모가 없었기 때문이라는 것을 깨닫고 유능한 참모를 물색하기 시작하였다. 그가 제갈량임을 알고 그를 맞으러 장비와 관우와 함께 예물을 싣고 양양(襄陽)에 있는 그의 초가집으로 갔는데, 세 번째 갔을 때나 비로소 만나주었다. 이때 제갈량은 27세, 유비는 47세였다.

제갈량은 원래 미천한 신분으로 이곳에서 손수 농사를 지으면서 숨어 지냈다. 제갈량은 자기를 3번이나 찾은 유비의 지극한 정성에 대해 감격하면서 운명을 같이하였다. 그는 유비가 비록 3국을 통일할 수 없었다는 것을 알았지만 성의에 감동을 받아 운명을 맡기기로 한 것이었다. 이처럼 좋은 인연의 끈을 만드는 것은 지극한 정성이므로 포기하지 않고 도전하는 끈기를 지녀야 한다. 그럼 하늘도 감동할 수 있는 좋은 인맥이 만들어 질 수 있다.

윤리가 성공을 오랫동안 유지한다

도덕성을 갖기 위한 전략

도덕이란 인간이 지켜야 할 도리 또는 바람직한 행동기준을 말하며 도덕성은 도덕적으로 옳은 것을 말한다. 동양에서 도덕이란 말은 유교적인 어감이 강하지만, 실상 사회의 이상을 나타내는 것이기도 한다.
그리스어의 'ethos', 라틴어의 'mores', 독일어의 'Sitte' 등이 모두 도덕이라는 뜻이기도 하지만'습속'이라는 뜻인 것처럼, 원래 도덕이란 자연환경의 특성에 순응하고 각기 그 집단과 더불어 생활하여 온 인간이 한 구성원으로서 살아간 방식과 습속에서 생긴 것이다. 즉 생활양식이나 생활관습의 경험을 정리해서 공존(共存)을 위해 인간집단의 질서나 규범을 정하고 그것을 엄격하게 지켜나간 데서 도덕은 생긴 것이다. 이러한 점에서 도덕과 법은 같은 근원에서 나온 것이라 할 수 있다. 다만 사회가 복잡해짐에 따라 법은 사회적 외적(外的) 규제로, 그리고 도덕은 개인적 내적(內的) 규제로 자연히 분화되었을 뿐이다. 성공을 위한 도덕성을 갖추기 위해서는 첫째는 윤리 경영의 개념에 대하여 정확히 알아야 하며, 둘째는 자신의 도덕지수를 알아야 하며, 셋째는 도덕성을 높일 수 있는 전략을 알아야 한다.
다음은 하위요소들을 구체적으로 실현하기 위한 사항들이다.

요소	하위요소	진단 사항
도덕성	1. 윤리 경영	○ 윤리경영을 위해 필요한 사람은 어떤 사람인가? ○ 윤리경영이 필요는 무엇인가?
	2. 도덕 지수	○ 나의 도덕지수는 어느 정도 되는가? ○ 평상시 행동의 기준은 도덕성이었는가? ○ 리더가 되기 위하여 얼마나 자신을 관리하는가?
	3. 도덕성 전략	○ 타인의 도덕적 행동을 모델로 삼고 있는가? ○ 도덕적 판단 능력은 가지고 있는가? ○ 도덕적 판단 능력이 얼마나 내면화되어 있는가?

왜 윤리경영이 뜨는가?

최근 전세계적으로 기업 윤리에 대한 관심이 부쩍 커졌다. 이에 따라 윤리경영의 중요성에 대한 인식은 점점 강화되고 있다. OECD 회원국인 우리나라에서도 윤리경영이라는 세계적인 흐름에 부응하여 정부나 기업에서 국제 상거래 뇌물방지법 및 부패방지법 제정, 기업 경영의 투명성 확보 등과 같은 형태로 기업 윤리 확립을 위해 힘쓰고 있다. 이러한 노력의 결과 윤리경영의 중요성에 대한 인식이 점점 강화되고 있다. 지난 해 산업자원부가 조사한 결과에 따르면, 국내 50대 기업 중 87%가 윤리경영의 필요성을 인정하고 있다고 한다. 특히, 올해에는 연초부터 은행을 비롯한 금융권과 대기업의 최고 경영자들이 신년사와 각 언론사의 인터뷰를 통해 윤리경영을 올해의 최우선 과제로 추진하겠다고 밝힌 바 있다.

하지만 윤리경영을 실천하는 일은 생각만큼 쉽지 않다. 윤리경영이 기업에서 제대로 실현되기 위해서는 경영자의 올바른 이해와 구체적인 노력이 뒤따라야 한다. 전경련이 2001년과 2002년 두 차례에 걸쳐 '기업 윤리와 기업 성과간의 관계'를 조사한 바에 따르면, 두 번의 조사 모두 윤리경영을 실천하는 기업들이 그렇지 못한 기업들보다 주가 상승률과 매출액 영업이익률이 크게 앞서는 것으로 나타났다. 또한, 2002년 전체 종합 주가지수는 9.5% 하락했으나, 전담 부서를 설치해 윤리경영을 실천하고 있는 기업들의 평균 주가는 10.2%나 상승하였다. 매출액 영업이익률 역시 윤리경영 실천 기업은 1998~2001년 평균 10.3%를 기록함으로써 그렇지 못한 기업의 7.3% 보다 높게 나타났다.

우리나라보다 먼저 윤리경영에 공을 들여온 미국에서도 윤리적인 기업은 종업원, 고객, 지역 사회, 주주들로부터 존경과 신뢰를 얻게 되는데 이것은 기업의 눈에 보이지 않는 자산이 된다. 세계 1위의 식품업체 Nestle는 윤리와 투명성이 소비자의 신뢰를 얻는 가장 좋은 방법이라는 것을 일찌감치 깨달은 기업이다. 세계 최초로 분유를 개발, 판매하기 시작한 Nestle는 1960년대 개발도상국 시장에서 위생 관념 부족으로 아이들이 병에 걸리는 문제가 생기자 대규모 마케팅 축소 정책을 실시하고 의료 기관을 통해서만 분유를 공급하기로 결정했다. 이러한 결정은 식품회사 Nestle의 투명한 이미지를 소비자들에게 각인시키고 이후 강력한 브랜드 파워를 구축할 수 있는 계기가 되었다.

존슨 & 존슨은 1999년, 2000년 연속으로 월스트리트 저널이 선정하는 '미국의 존경 받는 기업 1위'에 꼽힌 기업으로서 윤리경영으로 성공을 거둔 대표적인 사례로 꼽힌다. 존슨 & 존슨에서는 지난 82년 미국 시카고에서 주력 제품인 타이레놀을 복용한 사람 7명이 사망한 사건이 발생했다. 이 회사는 발 빠르게 '고객에 대한 책임'을 명시한 '우리의 신조'에 따라 행동했다. 존슨 & 존슨은 시카고 지역 제품만 수거하라는 미국식품의약국(FDA) 권고를 뛰어넘어 전국에서 약 3,000만병, 1억 달러 어치의 타이레놀을 전량 회수했다. 또 "사건 원인이 규명되기 전에는 타이레놀 제품을 절대 복용하지 말라"고 소비자들에게 대대적으로 홍보했다. 당시 타이레놀은 이 회사의 연간 매출액의 7%(3억5,000만 달러), 이익의 17%를 차지하는 주력 상품이었던 점을 감안할 때 이러한 조치는 상당한 불이익을 감수한 결정이었다. 사건 직후 35%였던 시장점유율은 7%까지 떨어졌으나 3년 만에 제자리를 회복했다. 소비자들이 존슨 & 존슨의 윤리적 태도를 신뢰하는 쪽으로 기운 것이다.

결국 윤리 경영에 실패하는 기업들은 도태되거나 사람들의 외면을 받을 수밖에 없다. 그래서 요즘의 모든 기업들은 기업의 윤리 경영을 위하여 노력하고 있다. 기업의 윤리 경영은 최고 경영자들만의 책임으로 돌리기 어렵다. 따라서 기업을 이끄는 최고 경영자 뿐만이 아니라 직원들의 도덕성에 대하여도 관심이 점차 증가하고 있다.

윤리가 없으면 성공도 없다

황우석박사는 세계적인 과학전문지에 그의 논문이 실리고, 세계 여론이 그에 대한 관심을 보이기 시작하면서 국내의 온갖 매스컴, 정부, 정치인들은 하나같이 그를 추켜세우기에 바빴다. 하루아침에 그는 우리나라의 미래를 걸머진 불세출의 영웅이 되고 말았다.

줄기세포 연구에 대한 윤리적인 문제를 지적한 사람은 찬물 끼얹지 말라는 식으로 매도를 당했고, 주요 언론들은 그의 위대성만을 부추기기만 했다. 난자 입수과정에 대한 언급을 하는 사람들이 간간히 있었지만, 그냥 흘러가 버렸다. 그러나 내부에서의 불협화음으로 논문이 조작되었다는 중대한 윤리 문제를 일으키게 됨에 따라 전면적으로 윤리적으로 문제가 되었다.

황박사의 연구 과정에서 속속들이 윤리문제가 들어남에 따라 황박사는 기존에 가지고 있던 명예나 권한들을 전부 뺏겨가고 있다. 황박사가 논문을 조작하지 않고, 윤리적으로 문제가 없었다면 아마도 세계 최고의 줄기세포를 개발한 학자로서 노벨상을 받았을지도 모른다. 그러나 이제 국민들의 희망을 저버린 사람으로 추락하였다.

한때 우리의 미래를 걸머진 불세출의 영웅이 추락한 것은 윤리의식을 저버렸기 때문이다.

작년 한해의 뜨거운 감자였던 엔론(Enron)의 회계장부 조작사건이 가라앉기도 전에, 월드컴(WorldCom) 은 매출 과대 계상으로 38억 달러의 미국 사상 최대 회계 부정을 저질렀다. 월드컴 경영진은 이에 그치지 않고, 회사가 망하고 난 후에도 2천 5백만 달러의 보너스를 챙겨서 사회적 물의를 빚었다.

이처럼, 성공한 리더들은 눈앞의 이익에 급급하여, 윤리 문제를 무시한 사건들이 일어나고 있다. 이는 리더 혹은 기업인으로 갖춰야 할 윤리 의식이 결여될 경우, 한 조직이나 기업을 존폐의 위기로 몰고 갈 수 있음을 여실히 보여주는 사례들이다.

이처럼 성공한 사람들이 윤리문제를 쉽게 생각하는 이유는 무엇일까? 대부분 성공한 사람들은 전문성과 실력을 인정받아 리더가 되었지만 그들이 모두 조직을 성공으로 이끄는 것은 아니다. 한치 앞을 내다볼 수 없는 시장 속의 기업을 험난한 바다 위의 배에 비유한다면, 명석한 리더는 어떤 시련에도 굴하지 않고 정해진 목적지를 향해서 항해를 계속해 나가는 노련한 조타수에 해당한다.

어려운 환경 하에서 모든 기업들이 어려움에 직면할지라도 주어진 목표를 향하여 어떻게 나아가야 될지를 제시해 줄 수 있는 리더만 있다면 어떤 어려움도 극복할 수 있다고 기대하기 때문이다. 그러나 능력있는 리더들도 실패를 하는 경우가 많다.

능력있는 리더들이 실패하는 이유는 여러 가지가 있지만 그중에서 가장 중요한 이슈로 등장한 것은 윤리 의식의 부재 때문이다. 리더들의 윤리성이 결여된 비 이성적 행동이나 판단으로 한 기업이나 조직은 물론이고 개인이 망하게 되는 경우를 어렵지 않게 찾을 수 있기 때문이다. 따라서 윤리가 없으면 개인의 성장은 물론 조직의 성공도 기대하기 어렵다는 사실을 인식하고 도덕성을 갖추기 위한 노력을 아끼지 말아야 한다.

추락하는 것에는 날개가 없다

최근 유명인들이 자신에 대한 관리를 잘못하여 사회적으로 추락한 사건들이 몇 가지 있다. 사건들은 리더들의 윤리적 자세가 어떠해야 하는지 새삼 반성하게 한다. H장관이 부동산 투기 의혹을 받으면서 공직을 떠날 수밖에 없었고, 인기 연예인이었던 S는 도박을 했음에도 불구하고 하지 않았다고 하였다가 혐의를 인정하여 사회적 물의를 일으켜 방송 출연을 자제하였다. 이외에도 수많은 사회의 지도층이나 유명인들이 도덕적으로 물의를 일으켜 일선에서 은퇴하여 아무에게도 관심의 대상이 되지 못하고 있다.

예전에는 아주 사소한 일이나, 은폐가 가능했던 개인적인 일들도 정보 통신 기술의 발달에 의하여 속속 드러나는 경우가 많다. 특히 유명인이나 사회지도층이 되면 더욱 심하게 노출된다. 이러한 현상은 유명인의 관심도가 더욱 증가해서 이기도 하지만 사회 지도층의 도덕성에 대한 국민의 기대수준이 높아졌기 때문이기도 하다.

우리나라도 민주주의가 성숙해짐에 따라 국민들이 좋아하는 사회지도층은 도덕적으로도 모범을 보여야 한다는 기준이 바로 서게 된 것이다. 그래서 성공을 꿈꾸는 사람들에게 자기관리는 필수적이어야 한다는 것이다. 국회의원 C씨가 식당에서 여성에게 성추행을 했는데 그것이 기자여서 바로 기사화되고 연일 여당과 여당의 정치 공방론이 벌어진 적이 있다. C의원은 모든 공직에서 탈퇴를 하고 자연인으로 돌아가고 있지만 여론은 가만두지 않고 지속적으로 보도하여 정치생명도 이젠 끝나 버리게 되었다.

이처럼 사회지도층들의 윤리문제는 도저히 돌이킬 수 없는 추락의 길로 안내하게 되며 추락의 끝은 보이지 않으며, 추락하는 것에는 날개가 없다. 그 만큼 많은 것을 잃는다는 것이다.

따라서 자신의 성공을 오랫동안 유지하기 위해서는 자신의 도덕성을 높이기 위해서 노력해야 한다. 더욱이 공인의 입장에서는 자신의 행동을 누군가 주시하고 있다는 강박관념을 가질 정도로 자신의 행동이나 사회생활에 대하여 깨끗하게 만들어야 한다.

현대 사회를 가끔 소돔과 고모라의 일화에 비유를 시킨다. 부패가 극에 달했던 소돔과 고모라를 구하기 위해 아브라함은 신과 협상을 벌인다. 신은 처음에 의인 100명을 요구하다가 아브라함의 간곡한 청으로 결국 10명으로 낮춘다. 하지만 10명의 의인조차 찾을 길 없어 소돔과 고모라는 비운의 최후를 맞는다. 결국 도덕성을 갖춘 사람을 찾기가 어렵다는 것을 의미한다.

예전에는 누구는 털어서 먼지 나지 않느냐는 식으로 도덕성의 기준을 관행으로 돌렸지만 이제는 사람들의 도덕성에 대한기준은 높아져 완전 무결점인 리더를 원하고 있다는 것이다. 무결점 리더일수록 이러한 사회에서는 경쟁력을 가질 수 있을 뿐만 아니라 장기적으로 성공을 유지할 수 있는 블루오션 시장이기도 하다.

여러분들은 리더가 되기 위하여 얼마나 자기를 관리하고 계신지요?

윤리에는 왕도가 없다

우리는 살면서 지름길이 없는 경우에 '왕도(王道)는 없다'는 말을 자주한다. 어원적으로 보면 왕이 수학을 배울 때, 다른 평민들보다 더 쉽게 배울 수 있는 방법이 있는가 하는 물음을 제기한 데서 비롯된 것이다. 그렇다면 같은 맥락에서 윤리에는 '왕도'가 있는가. 요즘처럼 '윤리에 왕도가 없다'는 주장을 실감하는 때도 없다. 예전에는 전혀 문제가 되지 않던 것이 사회의 기준이 상향조정되면서 문제가 되는 경우도 있으며, 일반인들에게는 대단한 일도 아닌데 공인들에게는 치명타인 일들이 너무 많이 생겼다. 따라서 윤리에는 왕도가 없으므로 모든 일을 신중하게 처리함은 물론 미래에도 도덕적으로 문제되지 않을 것인가 문제될 것인가를 고민하여 문제가 생길 일은 아예하지 말아야 할 것이다.

우리 역사 속에서 윤리적인 삶에 대하여 대표적인 분이 있다. 바로 황희정승이다. 비록 시대적으로는 차이가 있지만 이분의 삶을 모델로 우리가 살아간다면 살아서도 존경을 받지만 죽어서도 존경받는 사람이 될 것이다.

조선 초기 60여년을 관직에 있었고 영의정을 18년이나 지낸 황희 정승은 동시대의 맹사성과 함께 청백리의 귀감으로 후대의 존경을 받고 있으며 특히 수많은 일화들이 남아 있다.

고려조의 문과에 급제하여 벼슬길에 올랐다가 30세(1392) 되던 해에

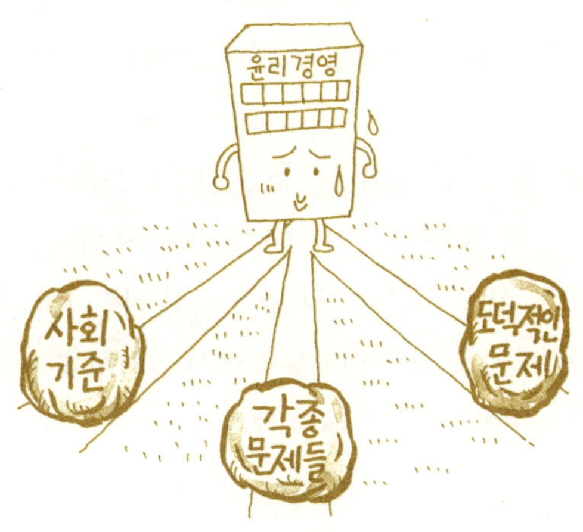

이성계의 역성혁명이 일어나자 두 임금을 섬기지 않겠다는 72현과 함께 두문동으로 들어갔던 황희는 "젊은 자네는 나가서 불쌍한 백성들을 위해 일하라"는 선배들의 간곡한 권유로 두문동을 나와 새로운 정권에 참여했다. 반대 인사였다는 질시 속에 빛을 보지 못하고 있다가 태종이 등극한 후로 형조, 예조, 병조, 이조 의 정랑을 거쳐 도승지의 전신인 지신사가 된 43세경부터 자기 소신을 펴기 시작했다.

그 후 공조, 병조, 예조, 이조판서를 두루 역임하면서 태종과 함께한 18년, 다시 세종과 함께한 27년, 그 동안 우의정, 좌의정을 거쳐 영의정을 18년이나 하면서 법률과 제도를 정비하고 내치에 힘써 태평성세를 이룩함으로써 세종대왕의 한글창제 등 위업을 달성할 수 있게 했다.

세종 31년(1449) 87세 되던 해에 60여 년간의 관직생활에 종지부를 찍고 영의정 자리에서 물러났다. 3년후 90세로 한양의 석정동 자택에서 세상을 떠났다. 세상을 떠나기 전에 왕이 문병을 왔다고 한다. 그런데 재상을 20년 넘게 지낸 90노인이 멍석자리 위에 누워있었다. 이를 본 왕이 깜짝 놀라 이럴 수가 있느냐고 하자 그는 태연하게 "늙은 사람 등 긁는 데는 멍석자리가 최고입니다." 라고 했다고 한다.

조선 최고의 재상으로 60여년을 보낸 사람이 노후의 청렴한 삶을 살고 있는 것을 보고 그 어떤 누가 욕을 할 것인가? 더욱이 우리의 역사 속에서 중요한 역할을 수행한 명재상의 삶이 이렇다면 존경하지 않을 사람이 있겠는가? 요즘 작은 이익을 위해서 자신의 윤리를 잃어버리는 사람들이 새겨들어야 할 일화가 아닌가?

돈, 명예, 권력 하나만을 선택하라

사람들은 직업을 선택할 때 돈, 명예, 권력 중 하나를 선택하여 자기의 직업을 찾게 된다. 돈, 명예, 권력의 선택은 개인의 가치관에 따라 선택이 달라진다. 당연히 돈을 좋아하는 사람은 사업가와 같이 돈을 많이 버는 직업을 선택해야 하며, 명예를 좋아하는 사람은 학자, 가르치는 직업, 사회지도자와 같은 직업을 선택해야 하고, 권력을 좋아하는 사람은 정치나, 공무원, 군인, 경찰과 같은 직업을 선택해야 한다.

돈, 명예, 권력의 3가지 가치는 때에 따라서 다 가질 수 있지만 대부분은 한가지만을 가질 수 있다. 그러나 사람의 욕심은 끝이 없어서 돈을 가지면 명예를 갖고 싶어 하고, 명예나 권력을 가지면 돈을 갖고 싶어 한다. 그러나 사회적인 윤리의식은 명예나 권력을 가진 사람들은 돈과는 멀리 떨어져 있기를 원한다. 따라서 돈과 명예, 권력은 서로가 대치되는 개념으로 생각하여 명예나 권력을 가진 사람이 돈을 너무 원하면 윤리적으로 문제가 되는 경우가 많다.

몇 년 전 모 기업의 대표가 우리나라에서 최고의 기업을 선도하는 최고경영자로서 성공의 상징처럼 존경을 받았다. 대표는 부에 있어서도 우리나라 최고였으며 사람들로부터 존경을 받았다. 그러나 대표는 권력을 갖고 싶어서 선거에 출마를 하게 되었다. 결국은 선거에서 참패를 하고 경제적인 부는 그대로 유지를 하였지만 선거 이전까지 받았던 존경받는 기업인이라는 명예적인 부분은 많이 희석되었다.

정치인들이나 고위 공직자들은 권력을 가졌음에도 불구하고 경제적인 부를 축적하다 보니 사회적인 물의를 일으켜 사회적으로 매장되고 가지고 있던 권력도 잃게 되는 경우가 많았다. 이러한 현상들이 끊이지 않고 문제를 제기하게 됨에 따라 정부에서는 공직자 재산 공개 제도를 만들어 권력을 가진 사람들이 부당한 부의 축적을 원천적으로 제거하려고 하였다. 그러나 아직까지 사람들은 남들이 부러워하는 권력을 가졌으면서도 돈에 대한 욕심을 버리지 못하여 자신의 권력을 잃게 되는 경우가 많다.

이처럼 사람들의 욕심은 끊임이 없다. 그러나 이러한 욕심을 제거해야만 자신이 가졌던 부, 명예, 권력 중에서 하나라도 온전히 지킬 수 있는 시대가 되었다. 오히려 한 가지 가치만 선택하여 끊임없이 자기 개발을 한 사람들은 자신의 가치가 상승하게 됨에 따라 부를 가진 사람이 명예를 갖게 되고, 명예를 가졌던 사람이 부를 갖는 경우를 주변에서 쉽게 볼 수 있다.

K기업의 M회장은 기업의 CEO로서 막대한 부를 가졌지만 끊임없이 사회에 공헌하는 회사 정책을 펼침으로 국민들에게 존경을 받아 명예를 얻었다. 반면에 저자가 알고 있는 L교수는 현직에 있을 때 풍부한 학식과 이론으로 명예를 한껏 얻었었다. L교수는 정년 후에 각종 기업이나 지자체로부터 강의 요청이 쇄도하여 현직에 있을 때보다 경제적인 수입이 증가하였다.

이러한 예는 꼭 사회적으로 성공한 사람들에게만 해당한다고 생각해서는 안된다. 오히려 평범한 사람들에게는 더욱 유혹의 손길이 많기 때문에 꼭 필요한 교훈으로 생각하여야 한다. 작은 이익에 눈이 멀어 본인이 원래 수행해야 하는 가치를 망각해서 망신살이 뻗치거나 일자리를 잃는 경우가 비일비재하기 때문이다.

성공하기를 원한다면 돈, 명예, 권력 중 하나를 선택하여 열심히 정진해야 한다. 그럼 언젠가 3가지의 가치를 모두 가지고 있는 자신을 발견하게 될 것이다.

도덕지수(Moral Quotient)를 높여야 한다

요즘 대기업에서 요구하는 인재상에는 도덕성 항목이 꼭 들어가 있다. 윤리 경영을 위해 도덕성 높은 사람들을 기업에서 요구하고 있기 때문이다. 그래서 도덕성을 높이기 위한 노력에 관심을 가지고 있다. 도덕성을 높이기 위한 방편으로 도덕지수를 높이는 분위기이다.

도덕지수는 얼마나 착하고 양심적인가를 측정하는 지수이다. 도덕지수의 향상은 어린아기 때 시작되어 초등학교 시절에 거의 완성된다고 한다. 도덕지수의 개발은 실생활에서 사람들과 부딪히며 훈련을 통해서 쌓아야 한다. 학교에서 배우는 규칙적인 암기나 학교수업을 통한 학습이나 집 안에서의 가정교육은 도덕지수 훈련에 전혀 도움이 되지 않는다.

도덕지수는 사회생활에서 부모나 다른 사람의 행동모델로 삼아 스스로 판단하면서, 올바른 것이 무엇인가를 깨닫는 과정에서 습득되기 때문이다. 따라서 부모가 말로는 도덕을 강조하지만 아이 앞에서 질서를 어기거나 도덕적으로 어긋난 행동을 한다면 아이의 도덕의식은 상처를 입게 된다. 도덕의식에 상처를 입게 되면 아이들은 두 개의 가치관을 가지게 되어 머리 속에서는 도덕을 지켜야 한다고 생각하지만 실제 행동에 있어서는 부모와 같이 질서나 규칙을 위반하게 된다.

유명한 성공한 사람들이 윤리 문제로 자신의 인생행로를 관리해야 하는 이유는 그들이 반드시 잘못을 저질러서가 아니다. 다른 사람의 모범이 될 만큼 윤리규범을 엄격히 지키지 못할 때는 미치는 파장이 크기 때문이다. 성공한 사람의 권한이나 명예가 크면 클수록 책임도 무겁기 때문이다. 대다수의 국민들은 성공한 사람들의 삶의 모습을 보고 인생의 모델로 삼아 따라하거나, 생활신조로 삼기 때문이다. 결국 성공한 사람들의 말 한마디나 행동 하나는 국민 전체에게 미치는 영향이 크기 때문이다.

한 국가의 건강도는 국민들의 도덕지수에 있다고 해도 과언이 아니다. 건강한 사회를 만들기 위해서 모든 국가들은 어려서부터 도덕교육에 관심을 둔다. 우리나라는 초등학교에서 도덕교육의 중요성을 인식하고 교육을 시키고 있으나, 고등학교에 들어서게 되면 입시 경쟁위주의로 교육이 진행됨으로 인하여 도덕 교육에 대하여 신경을 쓰지 못하게 된다.

성인이 되어서도 예전에 배운 기억은 있는 것 같은 데 사회에서는 그렇게 살지를 않기 때문에 사회 속에서 살기 위해서는 도덕 불감증으로 살게 되는 경우가 많다. 그러다 보니 도덕과는 상관없는 삶을 살게 되고 사회의 치열한 생존경쟁만을 배워 자신의 이익을 위하여 물불 가리지 않는 현상이 생겨나게 된 것이다. 결국 성공하고 나면 예전에 자신의 이익을 위해 도덕적이지 못한 행동들이 문제가 되어 자신의 행보를 자유롭게 하지 못하게 된다. 심하면 바닥끝까지 추락시키는 원인이 된다.

따라서 성공이 오랫동안 유지되기 위해서는 도덕성을 길러야 한다. 이러한 도덕성을 높이는 시기는 애석하게도 2~3세 부터 도덕 교육이 시작되어야 한다고 학자들은 주장한다. 그러나 성인이 되어서도 성공하기 위해서는 도덕성을 높이기 위한 노력을 해야 한다. 성인들이 도덕성을 높이기 위한 방법으로는 다음과 같다.

첫째는 도덕적인 행동이 습관이 되도록 하거나 타인의 도덕적 행동을 관찰할 수 있는 기회를 부여하여 모방행동이 많이 일어나도록 하는 것이다. 예를 들면, 도덕적으로 완벽한 사람들의 삶의 방식이나 행동 모습을 보고 그의 행동을 모방하는 것이다. 이러한 모방을 통해 규칙을 잘 지키고 다른 사람을 먼저 배려하게 되면 자신에게 습관이 되어 도덕지수가 높아진다.

둘째는 수시로 가치가 변화하는 사회 속에서 이에 합당한 도덕적 행위를 할 수 있도록 상황을 정확히 판단할 수 있는 능력을 키워야 한다는 것이다. 도덕적 판단 능력은 지적인 능력과 비례한다. 따라서 지적 능력이 높은 성인들은 도덕적 판단 능력이 높으나 그것을 합리적으로 판단하지 않고 자신의 이익과 결부하여 판단하기 때문에 문제가 된다. 그러나 도덕지수를 높이기 위해서는 자신이 하는 모든 행동에 대하여 무의식적으로 행동하지 말고 어떤 행동을 했을 때 사회적 규범에 일치하느냐, 일치하지 않느냐를 합리적으로 생각하고 판단해야 한다. 이러한 도덕적 판단이 습관이 되면 자연적으로 사회적 규범에 맞는 행동이 내면화되어 도덕지수가 높아진다.

성공을 위해서는
자신만의 윤리 선언이 필요하다

성공하기는 쉬워도 성공을 유지하는 것은 어렵다는 말이 있다. 성공을 유지하기 어려운 이유를 들어보면 첫째는 성공을 위해 노력하는 것은 개인의 노력으로 가능하지만 성공을 유지하는 것은 다른 사람들의 도움이 필요하기 때문이다. 둘째는 성공하기 위해서는 최선을 다했다가도 성공하면 초심의 마음을 갖지 않고 자기개발을 계속하지 않기 때문이기도 하다. 셋째는 성공하면 주변에서 유혹의 손길이 많기 때문에 자칫 잘못하면 진흙 속으로 빠지는 경우가 많기 때문이다.

윤리경영에 대한 관심이 많아짐에 따라 기업이나 관공서, 전문직에서도 나름대로 윤리 선언을 만들어 생활화하려고 하고 있다. 이러한 윤리 선언은 비단 조직원들에게만 필요한 것이 아니라 대외적으로 관련된 사람이나 고객들에게도 긍정적인 영향을 미치게 된다. 실제로 사람들은 윤리 선언이 없는 기업이나 조직보다는 윤리 선언을 가지고 있는 기업이나 조직에 대해서 신뢰감을 조금이라도 더 갖고 있다고 한다.

따라서 개인에게 있어서도 성공한 사람들이 되기 위해서는 나름대로 자신의 윤리 선언을 만들어서 항상 마음 속에 두고 생활화하여야 한다. 비록 자신의 윤리 선언이 남에게 알려지지 않더라도 자신에게 내면화되고 생활화되어 쌓이면 어떤 경력이나 학력보다 위대한 가치를 가지게 된다. 당장은 눈앞의 조그만 욕심을 줄이는 것이 힘들 수 있지만 지금의 인내하는 삶이 훨씬 커다란 가치로 분명히 보답을 하게 될 것이다.

　원래 윤리라는 것이 생겨나게 된 이유는 인간은 사회적인 동물이며 또한 인간이란 선한 행동도 할 수 있고 악한 행동도 할 수 있는 이중성이란 특성을 가지고 있기 때문에 선한 행동을 이끌어 내기 위한 것이다. 따라서 자신의 윤리 선언을 만들어 선한 행동들을 이끌어 내는 것은 미래의 커다란 성공을 위해서 반드시 필요한 것이다.

도전이 성공을 앞당긴다

도전력을 높이기 위한 전략

도전이란 보다 나은 수준에 승부를 거는 것으로 도전은 강인한 추진력을 나타낸다. 그러
나 도전을 위해서는 목표가 뚜렷해야 한다. 꿈만 있어서도 안된다. 꿈이 있고 비전이 있
으면 그 비전을 실천하기 위한 도전의 정신이 꼭 있어야 한다. 도전과 모험이 없는 곳에
는 결코 승리와 성공이 없다. 고로 도전은 모험이요, 개척이요, 승리자의 확신인 것이다.
또한 고난이 클수록 영광이 크며, 그 가치 또한 더욱 빛나 보인다. 결국 도전이 있어야만
성공의 열매가 기쁨을 선사하게 될 것이다.
성공을 위한 도전을 하려면 첫째는 도전의 중요성을 알아야 하며, 둘째는 도전하는 사람
들의 특성을 알아야 하며, 셋째는 도전에 따른 자신의 실천 전략을 세워야 하여야 한다.
다음은 하위요소들을 구체적으로 실현하기 위한 사항들이다.

요소	하위요소	진단 사항
도전	1. 도전의 중요성	○ 도전의 중요성을 아는가? ○ 나의 도전은 무엇을 위해서 하는가?
	2. 도전하는 사람들의 특성	○ 나는 용감한가? ○ 나는 호기심이 많은가? ○ 나는 열정을 가지고 있는가? ○ 나는 성공에 대한 집착이 강한가?
	3. 실천 전략	○ 도전에는 불가능이 없다고 생각하는가? ○ 지속적인 도전을 할 수 있는가? ○ 고독을 극복할 수 있는가? ○ 최고를 원하는가? ○ 최초를 원하는가?

도전은 아름답다

　인생은 도전(挑戰)의 연속이다. 도전 앞에는 승리도 있고, 또한 실패도 있다. 승리는 결코 우연의 산물이 아니요, 요행(僥倖)의 결과는 더욱 아니다. 그것은 곧 피눈물나는 노력과 도전의 결정이요, 끊임없는 투쟁의 소산이다.

　칭기즈칸은 말했다. 자신이 한계를 딛고 일어섰을 때 비로써 테무친이라는 평범한 아이에서 위대한 황제인 칭기즈칸이 되었다고 한계는 누가 세운 것이 아니라 자기가 만든 기준이라는 것이다. 한계라는 것은 어렵다고 생각하여 스스로 할 수 없다는 것을 말한다. 따라서 사회적 기준도 아니고 법도 아닌 한계를 내가 만든 것이다. 그런데도 우리는 매사에 스스로의 한계를 규정하고 나는 이정도 밖에는 안된다는 한계를 만들어 도전도 해보지 않고 스스로 포기하는 일이 많다.

　실패를 두려워하기 때문이다. 도전은 성공을 위해 필수적인 것이다. 도전하지 않는 것에 성공이란 있을 수 없기 때문이다. 도전하면 50대 50의 승부수가 있다. 인생을 살면서 50%의 승률은 매우 높은 것이다. 이렇게 높은 승률을 우리가 스스로 포기한다는 것은 매우 위험천만한 일이다. 실패를 당했다고 해도 실패는 우리의 삶을 구렁텅이로 만들거나 모든 것을 잃게 하지 않는다. 단지 실패했다는 사실이 두려운 것이다. 그러나 실패도 내가 인생을 살아가는데 중요한 경험이 된다면 도전의 최악은 실패를 경험할 기회를 준다. 그러나 도전하지 않으면 우리는 실패를 경험할 기회마저 저버리게 된다.

사람들은 성공한 사람들을 보게 되면 그 사람이 매우 특이한 사람이기 때문에 성공했거나 운이 매우 좋아서 하는 일마다 성공했기 때문이라고 생각하는 경향이 많다. 그러나 실제로는 그렇지 않다. 성공한 사람들의 면면을 보면 그 만큼 실패를 했기 때문에 성공이 값어치가 있는 경우가 많다.

우리가 잘 알고 있는 토마스 에디슨도 수도 없이 많은 실패 속에서 성공을 하였다. 토마스 에디슨은 1000종 이상을 발명했지만 많은 발명을 위해서 에디슨은 수백만번의 실패를 거듭했다. 에디슨은 우리가 현재 사용하고 있는 전구를 완성하기 위해 9,999번이나 실패를 했다. 한 친구가 "자네는 실패를 1만번 되풀이할 작정인가." 라고 물었다. 그러자 에디슨은 "나는 실패를 거듭한 게 아니야. 그동안 전구를 발명하지 않는 법을 9,999번 발견했을 뿐이야." 라고 대답했다. 에디슨은 매일 16시간 일했다. 그는 자기가 유별난 체질이 아니라, 다른 사람들이 게으르다고 생각하였다.

그는 사람들이 한정된 인생의 귀중한 시간을 너무나도 많이 수면으로 낭비하고 있다고 입이 마르도록 안타까워했다. 또한 그는 시간을 아끼기 위해 극히 작은 양의 식사를 섭취했으며, 다른 사람에게도 식사를 줄이도록 하라고 권유했다. 에디슨은 84년 생애 동안 무려 1천93개의 발명품을 남겼으며, 기록한 아이디어 노트만 해도 3천4백권이나 된다. 그는 60이 넘겨서도 실험에 열중하다 자신의 연구소를 모두 불태워 바닥으로 떨어졌다. 그러나 그는 좌절하지 않았다. 그는 최악의 상황에서도 자신의 도전의지를 불살라 다시 제기하는데 성공하였다.

미국의 전설적인 홈런타자 베이브 루쓰(Babe Ruth)는 전에 1,330번이나 삼진을 당했지만, 우리는 그가 날린 714개의 홈런을 기억할 뿐이다. 농구의 황제 마이클 조던은 초등학교 때부터 시작해 열두 살에 농구의 MVP로 선정 되었으나 고등학교 때는 학교 대표팀에서 탈락하였다. 그 일을 계기로 자신의 실력을 증명하기 위해 끊임없이 노력한 결과 그는 지금의 자리까지 왔다. 미국의 극작가 루이스 라모르는 100편이 넘는 서부 소설을 쓴 베스트셀러 작가인 그는 첫 원고의 출판을 하기 까지 350번이나 거절당했다. 훗날 그는 미국 작가로서는 최초로 의회가 주는 특별 훈장을 받았다.

　어린아이들은 실패가 무엇인지를 모른다. 그렇기 때문에 무엇이든 행동으로 옮겨서 좋은 것들은 빨리 배운다. 여러분도 걸음마를 배울 때, 몇 걸음 걷다가 넘어지고 또다시 일어나기를 반복하면서 배웠을 것이다. 심지어는 다치기도 하였을 것이다. 그러나 어린아이는 다치거나 상처입는 것을 결국 두려워하지 않기 때문에 모든 것을 배워나간다. 그러나 어른이 되면 세상을 알게 되고 어려울 것 같다는 생각이 스스로의 포기를 만든다. 불가능하다고 생각하는 것은 실제 불가능해서가 아니라 내가 만든 기준 때문에 그렇다는 것이다. 그래서 성공한 사람들은 불가능이 없다고 하기도 하고. 포기하지 않으면 모든 것이 이루어진다고 하였다. 그리고 에디슨은 성공은 실패의 어머니라는 말을 하여 결국 실패를 해야만 성공으로 이를 수 있다는 교훈을 남겨 주었다.

세상은 용감한 사람들의 것이다

세상은 도전하는 사람들에 의하여 발전하였고 발달하였다. 새로운 것을 찾아서 탐험한 사람들에 의하여 신대륙이 발견되었고 험난한 오지의 지도가 만들어졌다. 새로운 것을 만들려는 과학자들에 의하여 우리의 삶을 지배하는 TV가 탄생하게 되었으며, 핸드폰이 나왔다.

처음 전화기를 발명한 벨은 그의 통신 실험이 성공했으면서도 불구하고 사람들은 그를 정신병자라고 생각하였다. 굳이 말로 전달해도 되는 것을 장난감 같은 기계를 만들어서 대화를 하려고 하였기 때문이다. 그렇지만 벨은 전화기를 발명하여 특허를 얻었다. 벨이 전화기를 발명하던 당시, 세계 최고의 전신회사이던 웨스턴유니언 사장은 벨이 음성 전화 기술 특허를 10만 달러에 팔겠다고 제안했을 때 웨스턴유니언 사장 오톤은 일언지하에 거절했다. 결국 그는 평생 부자가 될 수 있는 기회를 스스로 차버렸다. 주변 사람 대부분들도 벨의 전화 발명을 '장난감'이라며 시큰둥한 반응을 보였다. 그러나 그는 벨이라는 자신의 본명을 딴 전화기계 제조회사를 차려 그 동안 연구하기 위해서 쓴 돈의 몇 만 배나 더 많은 돈을 모을 수 있었다.

비행기를 발명한 라이트 형제는 훌륭한 도전가 였다. 사람들은 인간이 하늘을 난다는 것이 불가능하다고 생각하였기 때문에 라이트 형제의 무모한 도전을 곱지 않은 시선으로 비난하였다. 그러나 라이트 형제는 어떤 위협에도 굴하지 않고 진실을 수호했고, 식을 줄 모르는 열의를 갖고 경청했고 유연한 사고를 가졌다. 논리적이지 않은 비난을 무시하였다. 그러나 발전적이고 건설적인 논쟁을 통해 초기의 거친 아이디어를 다듬고 구체적으로 형상화할 수 있었다. 그래서 그들은 마침내 비행기를 만들어 하늘을 날았다.

알프레드 노벨은 자신이 만든 다이너마이트 등의 폭약으로 엄청난 돈을 벌어들인 억만장자이며 노벨상을 만든 사람이다. 원래 노벨이 다이너마이트를 만든 이유는 광산에서 굴을 팔 때 사람의 힘으로 팔수 없는 부분을 뚫을 때 쓰기 위해 다이너마이트를 개발하였다. 원래의 목적은 평화적인 이유로 만들어 진 것이다. 그러나 자신이 만든 다이너마이트가 전쟁 등에서 사람을 대량 살상하는 악마의 발명품으로 사용되자 노벨은 국제적으로 비난을 받게 되었다. 노벨은 점차 자신이 만든 폭약에 의해 희생한 사람들을 생각하게 되었다. 자신의 재산을 정리하여 노벨 재단을 만들게 했다. 그래서 그가 죽은 뒤에 노벨 재단, 노벨상 등이 만들어졌다.

이처럼 세상을 이끌어 가는 사람들의 삶은 순탄하지 않다. 나름대로 고생은 물론이지만 주변에서 수많은 질타를 보내기도 한다. 그래서 한 TV 광고의 멘트 중 "남들과 다르다는 것은 약간의 시샘과 부러움의 대상이 된다." 남들보다 앞서게 되면 사회는 가만 놔두지를 않는다. 딴지를 걸거나 뒤에서 붙잡아 끌거나 심지어는 비난을 하거나 헐뜯어서 추락하는 것을 보고자 하는 사람들이 항상 존재한다.

성공의 길로 나가다가도 주변의 비난이나 질투로 인하여 마음이 아프고 고민하면서 자신의 길을 잃고 실패하는 경우도 있다. 주변의 비난이나 질투는 성공을 향하거나 남들과 차이가 있는 사람에게 항상 그림자처럼 따라 다닌다. 마음이 약한 사람들은 남들이 의미없이 던진 비난이나 질투가 비수가 되어 가슴에 꽂혀 일어설 기운마저 뺏겨 버리

는 경우가 많다.

　A교수는 대학에서 중요보직을 맡은 분이 있었다. 그 분은 학교의 발전을 위해서 나름대로 노력하시는 개혁적인 성향을 가진 분이었다. 그러나 학교에서는 그 분의 개혁적이고 진취적인 성향을 이해하지 못하였다. 동료 교수들은 질타와 비난을 하였고, 총장에게는 음해를 하였다.

　A교수는 자신의 순수함과 열정을 이해하지 못하는 동료교수들의 비난을 더 이상 참지 못하고 보직사퇴를 결심하였다. 총장님을 찾아가 보직 사직서를 제출하자 총장님은 "자네가 사직하는 게 그들이 원하는 건데 그래야 되겠나?"라고 하였다. 결국 A교수는 자신이 시련을 인내하지 못하고 남들이 무심코 던진 비난의 목소리에 너무 쉽게 포기를 하였던 것에 대하여 반성을 하였다. 이후 A교수는 자신의 직책에 맞는

역할을 수행하여 대학의 총장이 되었다.

　이기적인 사람과 똑똑한 사람은 분명히 다르다. 이기적인 사람이나 똑똑한 사람은 자신이 원하는 것을 얻기 위해 노력하고 결국은 쟁취하는 경우가 많다. 그래서 다른 사람들로 부터 질투와 시기를 받는다. 그러나 차이는 똑똑한 사람은 나도 이루고 남도 배려할 줄 아는 사람이 되기 위해 현실적인 것들을 간과 하거나 무시하는 실수는 하지 않는다. 반면에 이기적인 사람은 남을 배려하지 않고 자기의 이익만을 추구하여 남들로 부터 빈축을 사게된다.

　세상은 용감한 사람들의 것이다. 아무리 고진 바람과 번개가 있다고 해서 그런 환경에 굴복한다면 이 세상에서는 아무 것도 할 것이 없게 된다. 주변에서 무심코 하는 자신에 대한 비난이나 질타를 애써서 귀담아 들을 필요는 없다. 필요한 것만 듣고 나머지는 철저히 무시해야 한다. 그렇지 않으면 마음을 다쳐 모처럼 가졌던 도전을 포기하게 된다.

도전하려면 호기심이 많아야 한다

우리는 인생을 살면서 의도적으로 도전을 해야 좋은 기회를 만들어 낼 수 있다. 평범이란 이름으로 남이 간 길을 무작정 따라가기만 한다면 기회는 생겨나지 않는다. 따라서 도전하기 위해서는 호기심이 왕성해야 한다. 호기심이란 새롭거나 신기한 것에 끌리는 마음을 말한다. 행복이 어디에 있을까? 우리의 생활을 어떻게 하면 편하게 할 수 있을까? 새처럼 하늘을 날아볼 수는 없을까? 저걸 어떻게 하면 알 수 있을까? 이러한 호기심들을 모두가 한번 쯤은 가져보았을 것이다.

물론 이러한 호기심은 호기심으로만 끝나는 경우도 적지 않다. 그러나 어떤 사람들은 호기심 때문에 돈키호테처럼 다른 사람들이 보기에는 터무니없는 열정을 갖고 도전하기도 한다. 또 호기심이 인생의 큰 변화를 가져오기도 한다. 성경에 나오는 아담과 이브는 호기심 때문에 따먹지 말라는 금단의 열매인 사과를 따먹었다. 호기심에서 비롯된 열정이 신의 경고도 무서워하지 않을 정도로 강렬했기 때문이다. 덕분에 여자는 출산, 남자는 노동이라는 형벌을 받으면서 인류 최초의 역사가 열리게 되었다.

2002년 10월 9일, 일본의 평범한 한 연구원인 다나카 고이치로씨가 호기심으로 출발하여 노벨상 화학상을 수상한 적이 있다. 그의 성장 과정과 연구원 생활은 정말 지극히 평범한 사람들의 모습과 다를 바가 없지만 호기심 하나로 새로운 분야에 도전하여 최선을 다해 노력하여 최고의 결과를 얻을 수 있었던 것이다.

다나카는 수상식 노벨상 수상식 기념 강연에서 "나는 대학에서 화학을 전공한 사람이 아니기에 역대 수상자 중에서 최대의 도전자였다고 생각한다."며 운을 뗐다. "나는 샐러리맨 기술자이다. 두뇌가 뛰어난 것도 아니고, 전문 지식도 충분하지 않다. 하지만 묵묵히 연구를 해온 결과 놀라운 발견을 할 수 있는 기회를 잡게 되었고, 노벨상까지 수상하게 되었다. 살다보면 이런 일도 일어난다. 나는 호기심이 왕성한 편이어서 모르는 분야에 도전하는 것이 오히려 즐거웠다. 갓 대학을 졸업하고 20대 초반이었다는 사실도 있겠지만, 40대가 된 지금도 새로운 것에 도전하는 것은 자극적이고 즐거운 경험이다."

다나카씨도 자신의 전공과는 무관한 화학에 대한 호기심이 노벨상 화학상을 타게 하였다. 호기심은 자신의 평범한 삶에서 상식을 벗어 던져버리고 도전하게 하였던 것이다.

인류 역사의 모든 발전은 호기심에서 시작되었다고 해도 과언이 아니다. 발명왕 에디슨은 사물에 대한 호기심으로 출발하여 아주 기발한 아이디어로 인류의 역사를 발전시켰다. 만약 그가 없었다면 우리는 현재 음악을 들을 수도 없고, 밤에 공부를 할 수도 없고, 일을 할 수도 없었을 것이다. 에디슨은 어렸을 적에 공부도 못하는 말썽 꾸러기였다. 그래서 학교에서 쫓겨 나기도 하였다. 그는 호기심이 너무 많아서 공부는 뒷전으로 미루고 닭의 알을 품는 등의 괴기한 행동으로 정상적인 사회생활을 할 수가 없었다. 누가 봐도 에디슨은 문제아였다. 그러나 그 '문제아'가 지금의 인류 역사를 발전시켰다.

사람은 누구나 호기심으로 인하여 지금의 내가 된 것이다. 우리는 어렸을 때부터 주변에 있는 모든 사람이나 사물에 대해 호기심을 가지고 있다. 갓 태어난 어린 아이는 사물에 대한 호기심으로 인해 손을 뻗

처 물건을 잡아 보게 하는 도전을 부여한다. 6~7개월이 되면 오뚝이 같은 장난감을 손으로 치면서 팔을 움직이면 물체가 따라서 움직이는 것을 신기하게 여기고 같은 행동을 반복하면서 논다. 2세쯤 되면 또래들과 놀 기회가 많아져 남자나 여자의 외모나 목소리에도 흥미를 가지는 등 호기심의 범위도 넓어진다. 3세 무렵이 되면 사물에 대하여 궁금한 것을 자주 물어 보게 된다. 그러다 어느 정도 성장하게 되면 호기심이 사라진다. 호기심의 충족이 많을수록 호기심은 더욱 커진다. 그러나 호기심을 해결하지 못하는 순간 호기심은 사라지기 쉽다. 호기심이 사라지는 순간 주변에 대한 모든 것에 대하여 큰 관심이 없어지게 된다.

일본의 소니(Sony)는 세계적인 게임기 회사로 회사에서 필요한 핵심 인재의 조건으로 호기심, 마무리에 대한 집착, 사고의 유연성, 낙관론을 가진 사람을 꼽았다. 호기심이 없는 사람은 죽은 사람과 마찬가지며. 사고의 유연성이 없는 사람은 혼자 사는 사람이며, 낙관이 없다면 그에게는 실패만이 기다리는 사람이기 때문이란다.

성공하는 삶을 위해서 우리는 항상 '호기심'의 안테나를 세워놓아야 한다. 호기심은 세상에 대한 관심, 내 일에 대한 적극성의 다른 표현이기도 하다. 어떤 일에든 소극적인 태도와 정반대되는 자세이다. 이런 호기심을 잃지 않는 사람에게는 아무리 어려운 상황 속에서도 성공이 열리기 마련이다.

도전의 원동력은 열정이다

열정은 도전의 원동력이다. 성공에 이르는 과정에서 도사리고 있는 수많은 난관과 시련이 있다. 그래서 많은 사람들은 수많은 난관과 시련을 이겨내지 못하고 포기하게 만드는 원인이 된다. 따라서 실패와 좌절 속에서 자신의 원래의 꿈을 목표에 도달할 때까지 도전할 수 있는 힘, 그 힘은 바로 열정에서 온다. 열정은 불타오르는 듯한 세찬 감정을 말한다.

주변을 돌아보면 거의 실현 불가능한 것처럼 보이는 목표의 실현을 위해 무모하리만치 저돌적으로 돌진하는 사람이 있는가 하면 별로 대단하지도 않은 난관 앞에서 주저앉아 무기력하게 하루하루를 보내는 사람도 있다.

왜 이런 차이가 생기는 것일까? 달리 말하면 열정의 크기나 강도가 왜 사람마다 다르기 때문이다. 이 문제에 대한 해답을 얻기 위해서는 열정이라는 것이 도대체 무엇에 기인하여 생기는 것인가를 살펴볼 필요가 있다.

열정은 다양한 계기를 통해 생겨난다. 우선 첫번째로 생각할 수 있는 것은 사명감이다. 인류를 구원하기 위해 십자가에 못박힌 예수, 평생을 헐벗고 가난한 사람을 위해 헌신했던 테레사수녀, 그리고 혁명가로 살다 39세의 젊은 나이에 이국땅 남미 볼리비아에서 죽음을 맞이한 채 게바라같은 사람들이 그 좋은 예가 될 것이다. 우리 주변에도 청량리에서 무의탁 노인들을 돌보는 최일도 목사, 음성 꽃동네를 설립하여 불우노인, 장애인을 위해 헌신하고 있는 오웅진 신부 등 많은 훌륭한 분들이 있다.

그렇다고 사명감이 종교인이나 혁명가만의 전유물은 아니다. 1914년 영국군의 의무단에 자원했던 세균학자 플레밍은 수많은 부상병들이 박테리아로 득실거리는 심한 상처를 고통스럽게 참고 있는 것을 보고 상처없이 세균을 제거하는 항생제를 찾아내기로 자신의 사명을 정했으며, 그 결과 강력한 항생제인 페니실린을 발견하였다.

이들은 자신에게 부여되었다고 생각하는 사명의 완수를 위해 때로는 모든 사람들이 희망하는 안락과 부귀까지 희생해가면서 불타는 열정으로 삶을 꾸려나간다. 아니 그들에게는 희생이라는 생각조차 별로 없다. 희생이란 누군가를 위해 자신의 삶의 일부를 포기하는 것이지만 그들은 달성하고자 하는 사명의 실현을 위해 일하는 그 자체가 자신의 삶을 보다 충실하게 하는 것이라고 생각하기 때문이다. 개인을 구원하고 사회를 바꾸고 새 시대를 열어간다는 사명감이 그들로 하여금 고난이나 역경에도 굴하지 않고 목표실현을 위해 나아가는 열정을 불러일으키는 것이다.

열정의 두번째 원천은 호기심이다. 호기심은 앞에서 거론했듯이 사람을 도전하게 하는 원동력이기도 하다. 열정의 세번째 원천은 이익이 있어야 한다. 이익이 없는 일에는 누구나 열정을 가지지 못하기 때문이다. 열정의 네번째 원천은 위기의식이 있어야 한다. 사람은 누구나 위기를 느끼면 위기에 대처하려는 준비를 하게된다. 위기가 크면 클수록 열정의 크기는 비례한다. 그러나 앞에 서술한 사명감, 호기심, 이익은 능동적인 반면에 위기의식은 수동적이라는 것이다. 어떤 일을 하든 하고 싶어서 하는 일은 즐겁지만 어쩔수 없이 하는 일은 고달프기만 한 것이다. 열정을 갖기 위해서 사명감, 호기심, 이익, 위기의식 중 어느것이 가장 중요한가에 대해서는 정답이 없다.

이 문제에 관해서 물론 정답은 없다. 모든 개개인이 각각 독자의 인생관과 가치관을 갖고 있고 처해 있는 경제적, 사회적 위치도 크게 다르기 때문이다. 확실한 것은 위기의식을 느끼지 않는 상태에서 호기심이 가는 것이 이익도 되고 사명감도 느낄 수 있는 일이라면 더 없이 좋을 것이다. 그러나 세상만사 그렇게 좋은 일만 있을 수는 없다. 그렇다고 동시에 이익이 되는 일도 하고, 호기심이 가는 일도 하고, 사명감을 느낄 수 있는 일도 멀티 플레어처럼 함께 하고 싶겠지만 아쉽게도 대부분의 사람들은 그럴만한 능력을 가지고 있지 못하다. 그렇다면 답은 뻔하다. 열정을 쏟을 대상을 어느 하나만이라도 선택할 수 있다면 행복한 것이다.

열정의 4원천,
무엇을 선택할 것인가

열정의 원천을 어디로 집중시킬 것인가? 누구에게나 100% 적용될 수 있는 정답은 없겠지만 매슬로우의 욕구 5단계론을 적용하여 일반적인 기준은 제시해 볼 수 있다. 매슬로우는 인간의 욕구를 생존의 욕구, 안전의 욕구, 소속의 욕구, 인정의 욕구, 자기실현의 욕구 등 5단계로 구성되어 있고 낮은 단계의 욕구를 충족시켜야 다음 단계의 욕구로 이행한다고 주장했다. 이 이론을 열정의 4원천에 적용하여 다음과 같이 설명할 수 있다.

첫째 인생의 위기에 직면하여 발등에 불이 떨어져 있는 사람은 우선 살아남기 위해 위기극복에 모든 열정을 바쳐야 할 것이다. 예를 들면 40대, 50대에 구조조정으로 해고를 당한 사람들은 새로운 직장을 찾거나 창업을 통해 인생의 새로운 활로를 여는데 전력투구해야 한다. 한마디로 세상에 쫓기면서 살아야 하는 피곤한 인생을 살아야 한다는 것이다. 결국 매슬로우가 말하는 생존의 욕구나 안전의 욕구을 충족시켜 나가야 한다.

이를 위해서는 과거의 경력에 연연하지 않고 새로운 환경에 걸맞게 자신의 눈높이를 맞추는 노력과 함께 전직지원이나 창업지원 프로그램등을 적극적으로 활용하여 빠른 시일 내에 효과적으로 위기상황에서 벗어나는 다양한 노력을 할 필요가 있다.

둘째 지금 당장 직면해있는 인생의 위기는 없지만 미래에 대한 불안이 적지 않은 사람은 안전을 확보하기 위해 이익이 되는 일쪽에 열정을 집중할 필요가 있다. 요즘 좋아하는 일에 호기심을 가져야만 이익도 될 수 있다는 말을 자주 하지만, 이 말은 그다지 신뢰하지 않는 것이 좋다. 호기심이 이익으로 되기까지는 상당한 시간이 걸리는 경우가 많고 그런 시간을 견뎌낼 마음가짐과 비용이 준비되어있지 않으면 도중에 포기할 가능성이 많기 때문이다. 차라리 이익을 충분히 확보할 수있는 일에 호기심을 추구하는 쪽이 훨씬 더 안전하고 지속성이 있는 방법이라고 할수 있다. 이익추구를 위해서는 이익과 직결될 수 있는 직장생활의 설계 및 재설계, 창업관련 지식이나 재테크 관련 지식등을 축적하는 노력이 필요하다.

셋째 어느 정도 인생의 안전이 확보된 사람이라면 호기심을 갖는 일에 도전할 필요가 있다. 자신이 하고 싶은 일을 한다는 것은 얼마나 가슴설레는 일인가? 누구나가 자신의 일을 하고싶어 하지만 생존과 안전에 대한 보장이 없었기 때문에 결국 포기하지 않았던가? 이제 그런 문제를 걱정하지 않아도 되는 상태라면 마음껏 자신이 하고 싶은 일을 해보는 것도 좋을 것이다.

자신이 하고 싶은 일을 열정을 갖고 몰두하게 되면 창의적 아이디어가 샘솟듯 쏟아져나온다. 생활에 쫓겨 하고 싶지 않은 일을 하느라 마음의 여유를 제대로 가질 수 없었기에 꽁꽁 묶여 있었던 창의성이 출구를 찾으면서 술술 풀려나오는 것이다. 이렇듯 호기심을 바탕으로 창의적 아이디어를 실천하기 위해 열정을 쏟아붓는 단계에 이르면 그것은 매슬로우가 말하는 자기실현욕구를 충족시키는 단계에 이른 것이라고 할 수 있다.

　마지막으로 일상적인 삶의 무게에서 어느 정도 벗어나 하고 싶은 일을 하면서 인생에 어느 정도 여유가 생긴 사람이라면 그렇지 못한 다른 사람들을 위해, 그리고 사회를 위해 나라를 위해 자신이 해야 할 일이 무엇인지 진지하게 고민해야 할 것이다. 여유를 가진 사람들조차 오로지 자신들의 이익만을 위해 열정을 쏟아붓는 단계에 머물러 있다면 그 사회는 이미 자정능력을 상실한 병든 사회라고 할 수 있다. 그런 사회가 되지 않도록 여유를 갖고 있는 사람들이 사명감을 갖고 바람직한 사회실현을 위해 열정을 갖고 노력하는 것은 더없이 중요한 일이다. 그것은 개인적으로는 자기실현욕구를 최고수준에서 충족시키는 것이고 사회적으로는 모든 구성원들이 공생해 갈 수 있는 최소한의 사회적 자본을 마련하는 것이라고 할 수 있다.

도전에는 불가능이 없다

독서로 불가능을 가능하게 한 나폴레옹은 "우리가 어느 날 마주칠 재난은 우리가 소홀히 보낸 어느 시간에 대한 보복"이라고 하였다.

도전하는 사람들은 남들이 하지 않은 일을 할수록 가치가 높다. 그래서 보통 사람들은 도전한다는 것을 불가능한 일이라고 생각하여 도전 자체를 포기하는 수가 많다. 사람들은 남들이 이미 이루어 놓은 일이거나, 자신이 해본 경험이 있는 일이라면 가능한 일이라고 생각하지만 그렇지 않으면 불가능한 일이라고 마음의 결정을 하고 시도하지 않는 경우가 많기 때문이다.

세상에 불가능한 일이 있다면 그것 자체로 사람의 인생은 절망적이다. 특히 도전이라는 단어가 없어질 것이다. 그러나 인류 역사는 불가능이라는 말을 믿지 않는 사람들에 의해 불가능이란 단어가 가능이라는 단어로 변화되었고 사회는 발전되어 왔다. 지금 우리가 살고 있는 사회는 불가능하다는 사실을 인정하지 않는 사람들에 의한 새로운 도전으로 일반인들의 상식 속에서는 도저히 건널 수 없다는 불가능의 강을 건넜고, 도저히 이룰 수 없다는 불가능의 산에 도전했던 사람들에 의해 창조된 것이다. 지금 이시간도 세계의 곳곳에서 도전하는 사람들로 인하여 지금 우리가 생각하는 가능과 불가능의 판단 기준도 상향 조정되고 있다.

요즘 화제가 되고 있는 불가능에 대한 아디다스의 광고 문구를 보면 다음과 같은 글이 있다.

불가능, 그것은 아무것도 아니다.
불가능, 그것은 나약한 사람들의 핑계에 불과하다.
불가능, 그것은 사실이 아니라 하나의 의견일 뿐이다.
불가능, 그것은 영원한 것이 아니라, 일시적인 것이다.
불가능, 그것은 도전할 수 있는 가능성을 의미한다.
불가능, 그것은 아무것도 아니다.

결국 불가능이란 나약한 사람들이 도전하는 것이 어렵기 때문에 자신들의 포기를 타당화시키려는 뜻에서 불가능하다는 이야기를 한다는 것이다. 더욱이 불가능하다는 것은 다수의 의견이 아니라 하나의 의견이며, 만약 불가능한 것이 있어도 그것은 일시적인 것이지 영원한 것은 아니라는 것이다. 오히려 불가능이 있기 때문에 도전할 수 있는 가능성을 준다는 요지이다.

이미 남들이 할 수 있었던 일을 하는 것은 굳이 도전이라고 하지 않는다. 도전자는 남들이 불가능이라고 쓰인 말 앞의 '불'자를 떼어 버리고 '가능'으로 바꿀 수 있는 능력이 있어야 한다. 남들이 하지 못하는 일에 대하여 도전 정신을 발휘해야 도전은 더욱 희소가치가 높아질 것이다.

현존하는 경영자들 중 위대한 혹은 존경받는 사람을 꼽으라면 많은 사람들이 잭 웰치를 꼽는다. 몸집만 크고 둔한 GE를 세계최고의 기업으로 만든 그의 경영능력을 보았을 때 그는 충분히 인정받고 존경받을 자격이 있다. 그리고 그의 경영감각이나 창의성과 사람관리, 동기부여 등등 리더로써 갖추어야 할 자질들을 보았을 때 부족한 점이 없다.

무엇보다도 뛰어난 경영능력도 있었지만 도덕적인 CEO였으며, 중성자탄이라는 별명도 가지고 있었다. 중성자탄은 대량으로 인명을 학살할 수 있는 것으로 그는 워크아웃을 통해서 대대적인 구조조정에 들어갔고 GE의 모든 사업을 승자와 패자로 구분 승자의 사업부분은 집중 투자 육성 패자의 사업부분은 매각, 합병, 폐쇄 등의 길을 걷게 했다. 그리고 그 과정에서 232개의 생산라인이 멈추고 73개의 공장이 폐쇄되어 전체 40만명 중 18만명이 직장을 잃게 되었다고 한다. 이런 과정에서 그에게 생긴 별명이다.

남들은 불가능할 것으로 생각했던 것을 GE의 잭 웰치는 불가능을 가능으로 바꾼 것이다. 결과적으로는 GE를 세계최고의 기업으로 만들었기 때문에 그가 존경받는 CEO가 되었다.

성공은 도전에 비례한다

옛날 게으른 아들을 둔 부모가 있었다. 아들이 너무 게을러 일은 전혀 하지 않고 빈둥빈둥 노는 것이 마음에 아팠다. 아들은 부모가 해주는 밥을 먹으며 유산을 받아 편하게 쓰겠다는 생각으로 전혀 일을 하지 않았다. 그러나 부모는 자식의 사는 모습이 너무 안타까웠기에 농사짓는 방법 좀 배우라고 계속 자식을 타일렀지만 전혀 아들은 움직이지 않았다. 편한 생활에 안주해 있기 때문에 무언가를 한다는 것은 귀찮은 것이었다. 결국 아버지는 눈을 감으면서 아들에게 "물려줄 유산은 전부 보물로 바꾸어 집 뒤의 야산에 묻어 놓았으니 찾아 써라"는 유언을 남기고 눈을 감았다.

아들은 당황했다. 모든 유산들이 고스란히 남겨져 편한 생활을 구가할 수 있을 것이라고 생각만 하고 있었기 때문이다. 당장 내일부터 먹고 살기 위해서는 보물을 찾아야 한다는 강박관념에 다음날 새벽부터 삽을 들고 야산을 파헤치기 시작하였다. 몇일을 야산을 파헤쳤지만 보물은 나오지 않았다. 그러나 아들은 멈출 수가 없었다. 아들은 마침내 온 야산을 다 파헤쳤을 때 항아리 하나는 발견하였다. 항아리 안에는 보물 대신 아버지가 남긴 글이 있었다.

글에는 "지금 네가 보물을 찾기 위해 파헤친 야산은 이제 밭이 되었을 것이다. 씨를 뿌려 곡식을 거두어라"라고 써있었다. 아들은 충격에 빠졌고 아버지를 원망도 하였다. 그러나 아들은 선택의 여지가 없었다.

결국 아버지의 말대로 씨를 부렸다, 결국 아들은 풍년을 맞아 몇 년 동안 먹고 살 수 있는 재산을 모았다. 그 때 아들은 깨달았다. 아버지가 남긴 것은 야산이 아니라 도전하라는 교훈을 남겼다는 것을 알게 되었다. 아들은 그 후부터 열심히 일하여 부자가 되었다고 한다.

이 일화가 주는 교훈은 많지만 믿음이 허황된 것일지라도, 끊임없이 성공을 기원하며 도전한다면 성공은 실현된다는 것과 성공은 결국 현실의 안주보다는 도전을 해야 이루어진다는 것을 알 수 있게 해준다.

사람들은 현재의 생활에 안주하고 싶어하는 사람일수록 변화를 싫어한다. 그러나 성공은 바로 변화를 의미한다. 따라서 성공 자체를 부담스럽게 생각하기도 하고 도전은 아예 생각하고 싶지 않은 단어로 인식할 수 있다. 그러나 변화를 기원하는 사람에게 도전은 바로 성공으로 연결해주는 지름길이다.

저자도 처음에는 자격증을 1년에 하나만 취득하는 것도 어려웠지만 꾸준히 시간을 관리하고 도전하다 보니 시간관리 능력과 공부하는 능력이 생겨 1년에 6개까지 딸 수 있는 잠재능력을 가지게 되었다. 그러다 보니 새로운 자격증만 보면 도전하여 취득하려는 욕구가 생겨나 결국은 10년 동안 45개의 자격증을 취득하게 되었다. 버스운전 면허를 취득하는데 10번을 떨어져서 2년 동안 10번의 시험을 응시한 적이 있었다. 내 생활에 꼭 필요한 자격증도 아닌데 목표가 자격증 취득이 되다 보니 지속적으로 도전하는 내 모습을 보고 주변에서는 운전하면 살 것도 아닌데 사소한 일에 목숨을 건다고 핀잔을 주었다.

그러나 남들에게는 사소해 보여도 나에게는 버스운전이 중요한 게 아니라 자격증 취득이 중요한 인생의 목표였기 때문에 절실하였던 것이다. 막연하게 도전했던 사람들은 1번 떨어지면 다시는 응시를 하지 않았지만 나는 10번이나 도전하여 결국은 취득하였다. 나는 현실에 안주하고 가만히 있었던 사람들에 비하여 도전을 해서 쓰디쓴 불합격의 맛은 보았지만 결국 나는 "버스운전 면허증"이 생겼고 급할 시에는 버스를 운전할 수 있다는 자신감을 갖게 되었다.

일반적으로 평범한 사람들은 해보지 않은 일에 대하여 두려움을 가지고 있기 때문에 목표를 세우는 것도 어려워하고, 목표를 세워도 쉽게 포기하는 경향이 많다. 그러나 포기하지 말고 끝까지 도전하면서 자신이 가지고 있는 잠재능력이 어느 정도인지를 평가해 나가보자. 그러다 보면 지금까지는 발견하지 못했던 잠재능력을 발견하게 될 것이고, 발견된 잠재능력을 개발하고 활용한다면 자아실현의 기쁨을 맞보게 된다.

이러한 자아실현의 기쁨은 지금보다 몇 배 나은 행복한 생활을 보장해 준다. 성공한 사람들은 남들보다 자신에 대한 강한 신뢰감을 바탕으로 강인한 도전정신을 가지고 도전하였기 때문이다. 그러나 변화하는 것에 대한 두려움으로 도전을 하지 않는다면 인생에서 최고의 욕구단계인 자아실현의 기쁨을 보지 못하고 인생을 마감하는 것과 같다고 할 수 있다.

결국 잠재능력을 발견할 기회를 갖지 못한다면 아무리 좋은 잠재능력을 가지고 있어도 있다는 것 자체도 모르고 인생을 마감하게 될 것이다. 도전 해보라! 포기하지만 않는다면 그 꿈은 반드시 이루어지고 말 것이다.

도전은 고독하다

도전하는 사람들은 고독하다. 남들이 이미 간 길을 따라가는 것도 힘들지만 남들이 가지 않은 길을 가는 도전자들은 더욱 고독하다. 그런 뜻에서 도전자는 선구자라고 할 수 있다. 선구자(先驅者)는 다른 사람에 앞서서 어떤 일의 중요성을 인식하여 그 일을 실행한 사람을 말한다.

선구자에 대한 세상의 시선은 그리 곱지 않다. 세상은 그들을 이해해주려고 하지도 않는다. 가만히 놓아두기만 해도 좋으련만 세상은 다리를 붙잡거나 핀잔을 주고 도전의 의지를 꺾어 놓는 경우가 많다.

월드컵에서 4강의 기적을 일구어낸 히딩크는 국민적 영웅이 되었다. 그러나 그의 영입부터 막대한 스카웃 비용에 대한 말이 많아 반대하는 사람이 많았다. 처음 국내에 상륙해서도 그의 독특한 용병술과 특이한 훈련 방법에 대하여 수많은 사람들과 언론들이 하나같이 질타를 하였다. 선진 유럽 축구를 우리나라에 적용하는 것은 잘못되었다는 시각에서부터, 그의 의식 자체가 우리나라의 문화에 맞지 않다는 것이었다. 급한 사람들은 징계론이나 쫓아 내자고까지 하였다. 그러나 히딩크는 들은 체도 하지 않고 꿋꿋이 자기의 길을 간 것이다. 그래서 4강의 신화를 만들어 내었다. 4강 신화가 이루어진 날 세계는 열광하였고 국내의 언론과 국민들은 히딩크에 대하여 열광하였다.

히딩크의 4강에 대한 성공요인은 매우 많다. 그의 전략은 몇 명의 베

스트멤버 위주로 구성된 한국 축구의 문제점을 극복하고"베스트멤버
는 통상적인 선수 개인의 능력이 아니라 상대방에 대한 전략에 따라 구
성한다."는 말로 그의 전략을 대변하였다. 그의 성공요인 중의 하나는
한국적 특색을 배격한 것이 아니라, 한국선수들이 가진 내면의 힘이 발
현될 수 있도록 이끌었다는 점이다.

정확히 밝혀지지는 않았지만 히딩크의 고뇌와 좌절은 대단하였을
것이다. 그의 고향 네덜란드에서는 국민적인 영웅이 동방의 조그만 나
라에서 갖은 수모를 당하였기에 일반인이 겪는 고통과 고독은 더욱 컸
을 것이다. 그러나 그가 지금의 성공요인이 된 이유는 어떠한 상황이
오더라도 자신이 가진 생각을 꿋꿋이 밀고 나갔다는 점이다. 모든 일
에 자신의 신념을 가지고 임하므로 인하여, 그것이 세계적인 명장으로
자리매김할 수 있게 한 원동력이 되었다고 할 수 있다.

중국의 저명한 작가 중 아큐정전으로 유명한 노신의 글 중에서 이런 말이 있다. "희망이란 본래 있다고도 할 수 없고 없다고도 할 수 없다. 그것은 마치 땅 위의 길과 같은 것이다. 본래 땅 위에는 길이 없었다. 걸어가는 사람이 많아지면 그것이 곧 길이 되는 것이다."

그렇다. 희망은 처음부터 있었던 것이 아니다. 선구자가 길을 열고 만들어 갔기 때문에 길이 되었으며 길을 가는 사람들에게 희망이 된 것이다. 따라서 희망은 희망을 갖고자 하는 사람에게만 존재한다. 희망이 있다고 믿는 사람에게는 희망이 있고, 희망 같은 것은 없다고 생각하는 사람에게는 희망은 존재하지 않는 것이다.

최고가 아니면 최초에 도전하라

'최고'와 '최초'는 모두 유난히 빛나 보인다. 어느 분야나 최고를 향해 달려가는 사람들은 상당수가 존재한다. 따라서 그 분야에서 최고가 되기 위해서는 남들보다 빨리 다다르기 위하여 최선의 경쟁을 하기 마련인 것이다. '최고'가 되기 위해선 타고난 재능도 중요하지만 그와 함께 최고가 되고자 하는 피나는 노력도 필수적이다.

최정상에 오르기까지는 수많은 고통이 따르겠지만 그러한 고통과 시련은 최정상에 올랐을 때의 영광이 보답을 해준다. 최고가 되기 위한 과정의 고난의 과정이라 할지라도 최고가 주는 달콤함과 안락함에 비한다면 별게 아닐 수 있다.

'최초'는 말 그대로 이전까지 아무도 하지 못한 그 무엇을 가장 먼저 이룬 '퍼스트'인 셈이다. 그러나 '최초'는 엄청난 노력도 중요하지만 무엇보다 운이 따라야 한다. 1등과 2등은 등급 상으론 바로 밑의 레벨이지만 2등은 최초가 아니라는 이유로 1등의 그림자에 가려서 보이지 않게 마련이다. 역사 속에는 이런 일들이 비일비재하다.

최초의 인공위성 스푸트니크 발사로 세계에서 최강국이라고 생각하는 미국의 자존심은 바닥에 떨어졌던 역사적 사건이 있었다.

1957년 10월 4일 소련은 대기에 관한 여러 자료를 기록하고 전송할 수 있는 장치를 실은 직경 57cm, 무게 82.8kg의 금속구, 즉 최초의 인공위성 스푸트니크 1호를 소련이 지구 궤도에 쏘아 올렸다. 스푸트니크 발사 이후 냉전 시대의 주도권을 잡기 위한 경쟁의 일환으로 미국과 소련은 2000개에 가까운 우주 비행체를 지구 궤도에 진입시켰고, 급기야 1969년 미국은 인간을 최초로 달에 보내는 데 성공했다. 최초의 자리를 차지하기 위한 우주 경쟁을 치열하게 벌린 것이었다.

문제는 최초의 전쟁이 스푸트니크의 영향은 단순히 우주 경쟁을 촉발했다는 데 그치지 않았다. 미국인들은 자신들의 교육제도가 혁신될 필요가 있다는 것을 느꼈으며, 강력한 로켓을 개발할 필요가 있음을 절감하게 되었다. 즉 우주 경쟁과 군비경쟁은 본질적으로 동일한 것이었다. 왜냐하면 인공위성을 쏘아 올리는 데 사용한 로켓은 대부분 대륙간 탄도 미사일(ICBM)을 변조한 것이었기 때문이다.

1876년 2월 14일 벨은 조수와 함께 사람 목소리를 전할 수 있는 기계를 발명하는 데 성공한다. 그러나 벨과 거의 비슷한 시기에 전화기를 발명한 또 다른 천재 과학자가 있었다. 이젠 누구도 그 이름조차 기억하지 못하는 엘리서 그레이가 바로 그다. 그도 1876년 2월 14일 오후, 자신이 개발한 전화기를 등록하기 위해 특허국을 방문했다. 그레이엄 벨이 전화 특허를 신청한 것도 바로 그날 오전이었다. 불과 1~2시간 차이였다. 하지만 그레이는 전화의 실용적 가능성에 대해서 그리 심각하게 생각하지 않았고, 발명 특허권 보호 신청을 낸 뒤 한가하게도 자신의 재정적인 후원자와 곧 있을 박람회 문제를 협의하기 위해 필라델피아로 떠났다. 그레이는 벨이 사용한 가죽막 보다 더욱 효율적이었던 금속 진동막을 이용해서 음성을 전달했기 때문에 기능면에서는 그레이의 특허품이 벨의 특허품에 비해서 우수했다. 그러나 불과 몇 시간 차이로 그레이가 아닌 벨이 전화기 특허를 받게 된 것이다. 그러면서

엘리서 그레이는 벨보다 더 많은 노력과 시간을 들여 더 좋은 제품을
발명했지만 결국 시간에 졌기 때문에 최초가 되지 못했으며 역사 속에
서 누구도 그를 알아주는 사람이 없게 된 것이다.

제7장 **Career**

성공하려면 커리어를 높여라

커리어를 높이기 위한 전략

커리어(career)란 경력이라고도 하며 일생동안 쌓아온 학업, 직업, 지위, 이력 따위의 내용을 말한다. 커리어개발은 개인이 설정한 성공을 이루거나 새로운 직종이나 직업에 진입하기 위하여 자신의 직업능력을 높이거나 해당 분야의 경력을 쌓아가는 것을 말한다. 따라서 커리어 개발은 성공에 가깝게 다가가는 역할을 해준다.

성공을 위하여 도전을 강하게 하기 위해서는 첫째는 커리어의 개념과 중요성을 알아야 하며, 둘째는 성공하는 커리어 개발의 가능성에 대하여 알아야 하며, 셋째는 커리어 개발에 따른 실천 전략을 세워야 하여야 한다.

다음은 하위요소들을 구체적으로 실현하기 위한 사항들이다.

요소	하위요소	진단 사항
커리어	1. 커리어의 중요성	○ 커리어는 무엇인가? ○ 커리어의 중요성을 아는가?
	2. 성공하는 커리어 개발의 가능성	○ 나는 멀티 플레이어가 가능한가? ○ 나는 평생직업을 가지고 있는가? ○ 나는 투잡족으로 가능한가? ○ 나는 샐런던트로 살고 있는가? ○ 나는 전직을 결심할 수 있는가? ○ 나는 적성을 중요하지 않게 생각할 수 있는가?
	3. 실천 전략	○ 나는 자신을 정확하게 인식하고 있는가? ○ 나는 가장 잘 할 수 있는 분야를 선택할 수 있는가? ○ 자신의 분야에 대한 전문성을 가질 수 있는가?

성공은 커리어와 비례한다

성공에 대한 정의가 다양해지고 있다. 어떤 사람은 성공을 부의 축적이라고 생각한다. 또 어떤 사람은 직장에서의 지위 혹은 사회적 신분 등으로 성공을 평가하는가 하면, 친분을 맺고 있는 사람들의 수준을 성공의 척도로 삼는 사람도 있다. 이 밖에 일과 삶의 균형을 얼마나 유지하는 가로 성공을 평가하거나, 자신이 좋아하는 일을 마음껏 할 수 있는 자유로 성공을 평가하는 사람도 있다. 하여간 이처럼 다양한 개념을 가진 성공에 이르는 방법은 무엇일까?

그것은 바로 성공적인 커리어를 갖는 것이다. 결국 성공적인 커리어를 갖는다는 것은 성공적인 삶으로 향하는 가장 확실한 방법이라 할 수 있다.

지금까지 우리나라에서는 한번 취업한 직장이 평생직장이었기 때문에 회사가 연공서열에 의해서 승진관리를 함으로 인하여 대부분의 조직구성원들이 자기의 커리어개발이나 관리에 대해서 무관심했었다. 그러나 최근 각 기업마다 능력급이나 연봉제 들이 도입되고 있으며, 조기퇴직 등 환경의 변화가 급격하게 일어나고 있어 자기의 경력을 어떻게 쌓아 나아가느냐 하는 일이 자신의 생존문제와 직결되고 있다.

커리어개발은 개인이 설정한 성공을 이루거나 새로운 직종이나 직업에 진입하기 위하여 자신의 직업능력을 높이거나 해당 분야의 경력을 쌓아가는 것을 말한다. 커리어관리란 개인의 성공목표를 설정하고 이를 달성하기 위한 커리어 계획을 수립하여 조직의 욕구와 개인의 욕구가 합치될 수 있도록 자신의 경력을 관리하는 활동을 말한다.

커리어개발과 관리의 목적은 개인에게 원하는 직업과 승진 가능성과 자기발전의 가능성을 제시하여 성취동기 유발을 목적으로 한다. 물론 커리어개발이나 관리에 관심을 갖는다는 것이 바로 승진이나 성공을 가져오는 것은 아니지만, 성공적인 삶을 살고 있는 사람들은 대부분 자기의 커리어개발이나 관리에 대해서 많은 관심을 가졌던 사람들이다.

더욱이 평균수명의 연장에 따라 평생직장보다 평생직업의 중요성이 강조되고 있는 시점에서 예측하기 어려운 미래의 생존 전략은 바로 커리어 개발과 관리가 필수다. 따라서 현대인들은 자신의 커리어 개발과 관심이 점차 증가하고 있다. 기업에서도 인재의 고용에 유연하고 능동적인 대처가 필요하게 되었다. 이에 따라 기업에서는 인적자원관리에 있어 기존의 학벌이나 인맥보다는 능력주의 인사관리가 요구되고 있으며 또한 전문적인 지식이나 능력을 갖춘 커리어개발을 더욱 중요시하고 있다.

이처럼 자신의 성공 수준까지 달성하기 위해서는 개인이나 기업에서도 커리어 개발과 관리에 관심을 가지고 확대시켜 가고 있다. 커리어를 개발하는 방법은 자신의 목표나 인생의 목적이 무엇인지를 상기하고, 자신이 소유하고 있는 자원들을 적절하게 배치하고 관리해 나가는 관리자의 역할을 충실히 이행해야 하는 것이다.

인적자원관리에 어느 정도 전문성을 가지고 있는 기업에서는 자체적인 커리어 개발 프로그램을 통하여 직원들의 커리어개발과 관리를 해주고 있다. 그러나 사회 경험이 부족한 개인들에게 있어서는 커리어를 개발하고 관리하는 일이 쉽지 않다. 이러한 필요성에 의하여 요즘

부각되고 있는 직업이 커리어코치다. 커리어코치는 사람의 경력을 개발하고 관리해주는 일을 하는데 이러한 과정을 커리어 코칭이라고 한다. 커리어코치는 한 개인의 진로를 좌우하는 매우 중요하고 의미있는 직업이라 할 수 있다. 이 때문에 커리어코치가 되려는 사람들도 적지 않다. 앞으로 시장이 계속 커질 수 있는 미개척 분야이기도 하다. 현업에 대한 경험과 지식을 갖추고 있고 헤드헌팅 등 HRD분야의 노하우를 쌓는다면 미래의 전문가로 성장해 나갈 수 있는 유망한 직업인 셈이다.

오늘날처럼 고용불안이 증가하고 앞날이 불투명해져가는 현대를 살아가려면 전문가들의 도움을 통해서 직업 및 진로 선택을 받아야 하기 때문에 점차 커리어코치의 역할이 커지고 있다.

젊은 세대의 키워드
멀티 플레이어형 인간

최근 학생들 사이에서 유행하는 경향 중 하나는 '다방면에 소질 있음'이라고 한다. 예전에는 공부를 잘하는 학생들은 공부만 잘하지 운동, 게임, 노는 것, 게다가 외모 가꾸는 것에 관심이 없었다. 그러다 보니 외골수처럼 한 가지만 잘하는 경우가 많았다. 그래서 오히려 운동, 게임, 노는 것, 게다가 외모 가꾸는 것에 관심이 많으면 공부를 못하는 학생으로 생각했던 적이 있다.

그러나 이제 시대가 바뀌어서 요즘의 젊은 세대들은 공부를 잘하는 학생들이 운동도, 게임도, 놀기도, 게다가 외모 가꾸기도 잘 해야 비로소 친구들의 관심과 인기를 얻을 수 있게 되었다. 옛 어른들이 말씀하시던 '한 우물형 인간'에서 벗어나 '멀티 플레이어형 인간'이 젊은 세대들의 인기를 얻고 있다는 것이다.

이처럼 젊은 세대들 중에 멀티 플레이어형 인간이 인기를 얻는 이유는 젊은 사람들은 기성 세대에 비해서 변화와 속도에 빠르게 적응하며 두려워하지 않기 때문이다. 기성세대의 특징 중에 하나가 변화에 대응하는 속도가 느리고 새로운 변화에 대해서 일단 부정적인 견해를 표출한다. 그러나 멀티 플레이어형 인간인 젊은 세대는 기성세대에 비해서 변화를 추구하고 끊임없이 발전하는 사회의 속도에 발을 맞추어 나가려는 노력을 하고 있다.

젊은 세대를 지칭하는 단어는 세월의 흐름만큼 빠르게 변화하고 있으며 멀티 플레이어형 인간을 지향한다는 것을 알 수 있다. 지난 90년대 초 기존의 질서를 거부하며 등장했던 'X세대'는 미국의 작가 더글러스 쿠플랜드(Douglas Coupland)의 장편소설에서 나왔으며, X세대의 개념은 반항적이고, 제멋 대로이고, 주위 눈치를 안보는 개성파들이고, 뭔가 튀는 세대라는 뜻으로 널리 알려져 있다.

최근 인터넷 세대를 일컫는 'N세대'가 등장하였다. N세대란 '네트 제너래이션(Net Generation)'을 뜻하는 말로 미국의 사회학자 돈 탭스톳이 'N세대의 무서운 아이들'이란 책에서 처음 사용되었다. 흔히 77년 이후 태어난 세대로 인지능력이 생길 때부터 컴퓨터와 친숙한 젊은층을 가르킨다. 이전의 세대가 TV를 통해 일방적인 지식이나 정보를 전달받는 세대였다면, N세대는 쌍방향통신으로 논쟁을 벌이는 등 적극적으로 자기 의견을 말하는 능동적인 특징을 지녔다고 말할 수 있다.

Y세대는 2차 대전 후 베이비붐 세대가 낳은 2세들을 일컫는 말로

No라고 말하는 X세대 대신 전세계적으로 등장한 신세대로 Yes란 말을 즐겨 하기 때문에 Y세대라 한다. Y세대는 명령과 통제라는 전통적인 방식의 관리에 잘 적응하지 못한다. 도전을 두려워하지 않아 개인 사업으로 독립하려는 경향이 강하다.

이어 'P세대'라는 신조어가등장해 눈길을 끌고 있다. P세대는 '참여(Participation)', '열정(Passion)', '사회 패러다임의 변화 주도(Paradigm-shifter)'에 적극적인 세대로, 지난해 월드컵과 광화문 촛불 시위, 대통령선거 과정에서 앞장섰던 우리 사회의 젊은 층을 지칭하고 있다. 그러나 P세대는 집단보다 개인의 이익을 중시하고 미래보다는 현재의 행복을 중시하면서 문제 발생의 원인을 남에게서 찾는 등 일부 부정적인 모습도 보이고 있다.

P세대는 과거 386세대의 사회 의식과 X세대의 소비 문화 N세대의 생활 방식 등이 모두 융합된 특성을 지니고 있다. 즉 P세대는 바로 다양한 능력을 가진 멀티 플레이어형 인간을 지향하고 있다는 것이다.

생존을 위해서는
멀티 플레이어가 되어야 한다

열린우리당 유시민 의원은 K대의 '자기 소신을 가진 대학생의 가치 혁신'이라는 초청 강연에서 "자신의 취업문제를 정부와 연관시키는 사람은 취업 가능성이 낮다"고 주장했다.

외환위기 이후 지금까지 우리 사회는 심각한 경기침체로 인하여 청년실업이 사회 문제로 대두되고 있다. 2004년 4월말 현재 통계청이 발표한 자료에 의하면 81만 명을 헤아리는 실업자 가운데 청년실업자는 약 38만 명에 이르고, 청년실업률은 7.6%를 차지하고 있다. 또한 교육통계에 따르면, 2004년 4월 당시 전문대학 졸업생의 취업률이 76.4%에 비해 4년제 대학 졸업생의 취업률은 56.0%에 불과하여 국가 인적자원 정책 측면에서 고급인력을 공급하는 4년제 대학의 기능과 역할에 대한 문제가 우리나라 교육정책의 쟁점이 되고 있다. 특히 매년 배출되는 신규 대학 졸업자의 실업문제는 일자리 부족이라는 직업 창출의 제한 외에도 기업의 고용정책 변화 등으로 실업기간이 장기화될 가능성이 있어 더욱 심각한 사회문제로 제기되고 있다.

청년층의 실업은 그 자체로서도 문제이지만 청년실업은 지금처럼 고용시장에서 청년실업자나 실망실업자가 늘어나게 되면 사회 활력이 크게 떨어질 뿐만이 아니라, 청년이라는 소비의 주체들이 소비능력을 상실해감에 따라 기업들도 이익을 내기 힘들게 되고 다시 이윤이 없으니 투자와 고용이 줄어들고 실업이 증가하는 악순환이 반복되는 경기의 장기침체현상이 도래하기 때문이다. 나아가 청년실업은 결혼을 미루어 출산율 감소와 같은 장기적인 문제부터, 당장은 근로의욕을 상실한 청년층에게는 사회적 일탈의 우려가 높아지게 된다.

인간은 누구나 행복한 삶을 살기를 원하며, 행복한 삶을 사는 방법은 여러 가지가 있을 수 있으나 가장 확실한 방법은 자신이 원하는 직업을 선택하고 자신이 하는 일에 대해서 만족하는 것이다. 이렇게 직업을 선택하고 직업을 갖는 것이야말로 개인의 행복을 좌우하는 척도라고 할 수 있다. 따라서 개인의 생애를 통해서 가장 중요한 과업은 바로자신의 소질과 적성에 맞는 직업을 선택하여 준비하고 취업하는 일이라고 할 수 있다.

그러나 요즘처럼 취업이 어려운 시기에는 자신의 소질과 적성에 맞는 직업은 고사하고 취업자체가 어려운 실정이다. 대학 차원에서도 대학 졸업자의 취업률 제고를 위하여 다각적인 노력을 경주하고 있다. 청년실업 극복을 위한 대학생 직업능력개발 방안에 접근하는 방법은 매우 다양할 수 있다. 그러나 그들이 고학력자들이라는 점을 감안한다면 청년실업 극복을 위한 가장 효율적인 접근 방법 중에 하나는 기업에서 요구하는 직업능력 개발이라고 할 수 있다.

이는 요즘 청년실업이 증가하고 대학생들의 취업이 낮아지는 현상에 대하여 정부의 책임있는 정책을 요구하는 학생들에게 자신의 취업 문제는 자신의 노력뿐이라고 말한 것으로 볼 수 있다. 유시민 의원은 "젊은이의 90%이상이 대학에 진학하는 우리 나라에서 고학력 청년 실업이라는 말 자체가 성립하지 않는다."며 "채워지지 않는 빈자리와 일자리를 찾는 실업자가 공존하는 구조적인 취업 문제를 정부의 탓으로 돌리기보다는 스스로 멀티 플레이어가 되라"고 주문하였다.

결국 유시민 의원의 요지는 어려운 취업 현실 속에서 살아남기 위해서는 대학의 노력이나 정부의 노력보다는 자신의 능력을 멀티 플레이어로 만들어 생존능력을 키워야 한다는 것을 의미한다.

평생직장은 가고
평생직업의 시대가 왔다

개인에게 직업은 살아가는 데 필요한 물질적 자원을 정당하게 취득할 수 있게 하는 수단이기도 하고 그 개인의 사회적 지위를 결정해 주기도 하면서 동시에 개인의 자아를 실현하는 기회를 마련 해 주는 것이기도 하다. 따라서 처음 선택한 직장이 개인의 인생에 아주 중요한 역할을 수행하는 것을 알 수 있다. 처음 선택한 직업으로 인하여 편안한 여생을 보내기도 하지만 직업을 구하지 못하거나 잘못 선택한 직업으로 인하여 인생이 꼬여 가는 경우를 주변에서 쉽게 볼 수 있다. 그러나 어쩌면 취업을 한 사람은 행운일 수도 있다. 우리나라는 수년째 불황의 터널에서 일자리가 줄어가고 있어 청년 실업자의 증가는 물론 청년실업자, 삼팔선, 사오정, 오륙도 등의 신조어를 만들어 가면서 취업난을 대변하고 있다.

더욱이 서울시가 모집한 불법 주·정차 단속 비전임 계약직에 대기업간부, 박사학위 소지자 등 40~50대 '최고급 인력'이 대거 몰려 심각한 재취업난을 실감케 했다. 아울러 많은 대기업들이 외국으로 이전하는 추세라 중소기업이 국내 고용에서 차지하는 비중은 2001년에 85.6%, 현재는 이보다 늘어난 90% 수준인 것으로 추산된다. 단순 계산을 하면 5년 안에 국내 일자리의 72%가 사라진다는 얘기다. 게다가 중국에 진출해 있는 기업의 44.6%는 앞으로 국내 생산 비중을 축소하거나 중단하겠다고 답했다. 기업의 해외 진출이 국내 산업의 공동화로 직결된다는 얘기다. 이렇게 된다면 청년실업은 도저히 해결할 길이 없어진다. 그뿐만 아니라 중장년도 조만간 실업자로 전락할 수밖에 없게 된다.

어차피 평균수명이 늘어가는 시점에서 공무원의 정년인 60세도 큰 의미를 갖지 않는다. 예를 들어 평균수명이 100세로 연장된다면 나머지 40여년의 세월을 실직으로 보내야 하기 때문이다. 미국을 비롯한 유럽의 선진 국가에서는 평생 동안 직장을 6~7번을 바꾸고 우리나라는 3~4번을 바꾼다고 한다. 결국 우리 사회도 발전하면 할수록 직장을 더욱 많이 바꾸어야 한다는 것을 의미한다.

우리 나라에서 성공학 강의를 잘하기로 소문만 S씨는 강의로만 연봉 1억을 넘어선 명강사다. 그가 지금까지 있기에는 남다른 어려움이 많았다. 잘나가는 직장을 다니다 IMF때 구조 조정되는 아픔을 맛보았다. 퇴직 후에는 먹고 살기 위하여 퇴직금을 모아 새로운 사업을 시작하였다. 그런데 시작한 사업은 트렌드를 잘못 읽어 피부미용실을 열게 되었다. 그러나 과열 경쟁으로 인하여 시작한지 얼마 되지 않아 퇴직금은 물론 엄청난 빚을 내고 거리로 나안게 되었다. 남들 같으면 이미 절망감이 커서 아무 일도 할 수 없었겠지만 그는 달랐다.

그는 자기가 다시 일어서야 한다는 생각에 가장 잘할 수 있는 일을 생각해보았다. 그래서 그는 회사에서 판매부 과장일이나 대리점 지점장을 한 경험을 가지고 판촉물 외판원을 했다. 자기가 거래했던 직장을 다니면서 판촉물을 판매했다. 구매자 입장에서 판매자 입장이 되면서 그는 자신만의 노하우를 발견하게 되었다.

그는 자신의 노하우를 남들에게 알리고 싶어 회사마다 찾아다니며 자신의 노하우를 설명하여 직원들을 대상으로 강의를 할 수 있는 기회를 얻게 되었다. 그는 최선을 다했다. 그의 강의를 들은 기업이나 사람

들은 도움이 되었고, 소개에 소개를 하여 강의가 많아지게 되었다. 처음에는 판매 전략이나 마케팅 전략에 대하여 강의를 하였다. 그러나 시간이 지남에 따라 다른 강사들도 시장에 많이 진입하게 됨에 따라 더 강의가 줄기 시작하였다. 결국 그는 강의 시장에서도 생존하기 위해서는 시대를 먼저 이끌고 가야 한다고 생각하여 이후부터는 트렌드를 읽어 먼저 공부를 통하여 시장에 진입하려고 하였다. 그래서 그는 지금 마케팅, 경영, 변화와 혁신, 취업전략, 스피치, 리더십, 고객만족, 심성분석, 교수법, 프레젠테이션 등 멀티 플레이어 명강사가 된 것이다.

S씨는 현재 5000번 강의를 목표로 오전 오후로 전국을 누비지만 사무실을 가지고 있으면서도, 그의 사무실에서는 판촉물 판매회사를 운영하고 있다. 그는 "많은 사람들을 만나고 사귀어야 하는 일의 특성상 판촉물 판매회사를 운영하는 것은 큰 도움이 된다"며 "실제로 강의를 다니면서 상당히 큰 거래가 성사되는 경우도 많았으며, 판촉물을 주문하는 회사에서 거꾸로 강의를 부탁하기도 한다"고 덧붙였다.

S씨의 경우를 보면 S씨는 평생직장이라고 생각하는 곳에서 해고를 당하고 평생직업인이 되어 자신의 가치를 만들어 갈 뿐만 아니라 트렌드도 만들어 가서 성공하였다.

앞으로는 직장을 구하기도 어려울 뿐만 아니라 평생직장의 의미도 점차 상실해 가고 있다. 이에 따라 어떠한 상황이라도 직업을 구할 수 있는 평생직업 능력이 필요한 시대가 되었다. 평생직업을 갖기 위해서는 태어나면서부터 죽을때까지 철저한 커리어 관리가 필요하다. 그리고 세상을 정확히 읽어야 하며 시대에 끌려가기 보다는 시대를 리드해 나가야 한다.

투잡스족이 뜨고 있다

요즘의 트렌드는 노후대책과 불안한 경제 상황으로 타개책의 일환으로 두 가지 이상의 직업을 겸하는 투잡스족이 뜨고 있다. 바쁜 직장 생활 중에도 자신의 또 다른 꿈을 이루기 위해, 자신의 재능을 키우기 위해, 혹은 자신의 미래를 위해 퇴근 후 두번째, 세번째 일을 시작하는' 투잡스족'이 늘고 있다는 것이다.

투잡스족은 불황으로 실업에 대한 불안감이 커지고 주 5일 근무제의 확대로 여유시간이 많아지면서 두 개 이상의 본업을 가진 '투잡스(Two Jobs)족'에 대한 관심이 점점 더 커지고 있다. 투잡스족은 한 가지 일에만 몰입하는 것이 아니라 돈도 벌고 취미도 살릴 수 있는 또 다른 직업을 가져 부수입을 얻을 뿐 아니라 자기개발을 이루려는 것이다. 여건만 허락한다면 두 개 이상의 직업을 가지고 싶다는 직장인이 대부분이다.

채용정보업체 잡코리아(jobkorea.co.kr)가 직장인 4천 35명을 대상으로 조사한 결과에 따르면 본업 외에 부업을 갖고 있는 직장인은 전체 응답자의 10.5%에 이르렀다. 부업을 통해 얻는 월평균 수입으로는 '50만~99만원(31.2%)', '100만~199만원(26.2%)' 등이며 한 달에 '500만원 이상'의 수입을 올리는 경우도 6.4%에 달했다.

그러나 무엇보다 이러한 금전적인 보상보다도 부업을 통해 "나 자신을 즐길 수 있는가"의 여부가 이들이 밤낮을 가리지 않는 고생을 감수

할 수 있는 이유이기에 오늘도 그들의 행복한 두줄타기는 계속되고 있다. 그러나 하루 24시간은 누구에게나 공평하게 주어지지만, 이를 쪼개고 또 쪼개어 배 이상의 수고로움과 배 이상의 성취감을 동시에 맛보는 건 결코 아무에게나 주어질 수 없을 것이다.

연예계에도 가수 MC는 물론 배우까지 영역을 넓히는 멀티 플레이어가 큰 사랑을 받고 있고 점포도 한 지붕 안에 두 가지 종류를 운영해 공간 효율을 꾀하는 숍인숍이 많아지고 있다. 경쟁력을 갖춰 두 직업으로 활동하는 투잡스 족은 샐러리맨들의 목표가 됐다.

투잡스족이 가장 많은 분야는 "인터넷 쇼핑몰"이다. 별도의 점포도 필요없고 온라인 상으로 관리가 가능해 본래 직업에 영향을 주지 않기 때문이다. 저자가 잘 아는 맹렬 여성 H씨는 인터넷 쇼핑몰로 운명을 바꾸어 놓았다.

저자가 왜 H씨를 맹렬 여성이라고 지칭하였는가 하면 그녀는 20대 후반이지만 사회의 정확한 트렌드를 읽으며 투잡, 쓰리잡을 실현해 나가기 때문이다. H씨는 낮에는 방송출연 및 리포터로 활동을 하고 있다. 남들이 보면 나름대로 바쁘다고 할 수 있는 상황인데도 H씨는 시간이 많이 남는다는 것이다.

그래서 그녀는 인터넷을 틈틈이 익혀 평소에 자신이 관심을 가지고 있던 악세사리와 연결하여 무엇을 하면 좋을까를 고민하였다. 그래서 그녀는 많은 시간들이지 않고 돈도 벌수 있는 사업으로 인터넷 쇼핑몰 사이트를 운영하기로 결정하였다. 업종은 이미 본인이 가장 잘알고 쉽게 할 수 있는 것이 악세사리 관련 일이었기 때문에 남대문에 가서 우선 좋은 물건을 골라 사진을 찍어 자신의 인터넷 쇼핑몰에 올려 주문을 받았다. 그는 자신의 사이트를 알리기 위하여 책을 썼다. 책의 내용은 인터넷에서 어떻게 하면 돈을 벌 수 있는가라는 주제였는데 그것이 투잡스족 을 꿈꾸는 젊은이들에게 많이 팔려 나가게 되었고 그것이 그의 사이트를 원조처럼 만드는 역할을 하였다. 그래서 그는 한달에 순이익을 상당히 올리고 있다. 그는 매출이 증가함에 따라 직원한명을 상주하고 사이트를 운영하고 있다.

그는 인터넷 쇼핑몰로서도 유명해졌고, 책으로서도 유명해져 대학이나 평생교육원에서 창업전략 강의나 인터넷 쇼핑몰을 직접 구축하는 방법에 대하여 전국적으로 강의가 쇄도하고 있어 24시간이 부족할 정도로 살고 있다. 마치 연예인처럼 강의를 하러 가는 차안에서 새우잠을 자면서도 그는 피곤한 줄도 모른다. 낮에는 방송 관련 일을 하고, 한쪽으로는 인터넷 쇼핑몰을 운영하고, 틈나는대로 전국을 다니면서 강의를 하는 H씨는 투잡을 넘어서 쓰리잡을 하고 있는 성공한 여성이다. 투잡족을 꿈꾸는 사람들에게 H씨는 부러움을 사기에 충분한 자격이 있다고 생각한다. H씨는 "내가 원래 하고 싶어 하던 본업에도 충실할 수 있고 인터넷 쇼핑몰을 통해서 나름대로 수입도 올리고 있어 매일 매일이 행복하다"고 말하고 있다.

날로 생존경쟁이 치열해지는 가운데 투잡스족은 이제 샐러리맨들의 목표로 자리잡았다. 인터넷 다음 카페 "미래를 준비하는 사람들"은 3만 7000여 명의 회원이 가입, 성공적인 투잡스를 위한 정보를 공유하고 있으며 매주 토요일 세미나를 열고 있다. 그러나 투잡스로 활동하고 있는 H시 같은 사람들은 "투잡스를 단순 부업을 가진다는 생각보다는 체계적 준비 작업을 통해 두 가지 모두에서 전문가가 돼야 성공할 수 있다."고 조언했다.

살아남기 위해 샐러던트(Saladent)가 된다

샐러던트(Saladent)는 '공부하는 직장인'을 의미하는 신조어(新造語)이다. 영어로 '봉급생활자'를 뜻하는 '샐러리맨(Salaryman)'과 '학생'을 뜻하는 '스튜던트(Student)'가 합쳐져서 만들어진 신조어이다. 직장에 몸담고 있으면서 새로운 분야를 공부하거나 현재 자신이 종사하고 있는 분야에 대한 전문성을 더욱 높이기 위하여 지속적으로 공부하는 사람들을 가리킨다.

오늘날 한번 입사하면 평생 다닐 수 있는 평생직장 개념은 급속히 사라지고 있다. 취업문도 자꾸 줄어들고 있으며, 신입사원보다는 경력직 사원을 우대하는 풍조도 샐러던트의 출현을 요구하고 있다. 더욱이 수명의 대폭적인 연장은 고령화 사회로 급속하게 진입하게 됨에 따라 평생직장의 개념보다는 평생직업의 시대로 돌입했다고 해도 과언이 아니다.

평생직업의 시대에 사는 현대인들은 한 직장에 취직함과 동시에 새로운 직업을 갖기 위한 공부를 시작해야 한다. 실제로 직장인들을 대상으로 실시한 최근 한 설문조사에서 '첫 직장에서 근무하기를 원하는 기간'이 2년 3개월에 불과한 것으로 조사되었다. 또한 채용 전문 업체인 잡코리아가 최근 직장인 763명을 대상으로 실시한 설문조사에 따르면 응답자의 35.8%가 현재 각종 자격증이나 공무원 시험공부에 매달리고 있었다. 끊임없이 공부해야 살아남는 현대 직장인의 신세를 그대로 드러낸 것이라 할 수 있다. 마치 이 용어의 개념은 공식적인 학교를 졸업하고 회사에 들어와서도 지속적인 자기개발이라는 점에서 기존의 평생교육과 비슷하다고 할 수 있다.

그러나 차이는 평생교육은 자기의 삶을 윤택하게 하는 자기주도적인 학습의 성격이 짙은 데 비하여 샐러던트는 직장인들의 고용불안에 따른 생존략 차원의 자기개발의 성격이 짙다는 차이점이 있다. 곧, 샐러던트로서 직장인의 자기개발이라는 긍정적인 의미의 이면에는 이른바 '평생직장'의 개념이 사라진 한국 사회의 새로운 풍속도가 반영되어 살아남기 위하여 선택할 수 밖에는 없는 사회적인 풍속이 반영되어 있는 것이다.

외환위기를 겪으면서 한국의 직장인들은 고용불안이 더욱 심화되고 있다. 외환위기 때만해도 오륙도(56세까지 직장생활하면 도둑), 사오정(45세 정년)라는 말에 사회적으로 충격이 컸지만, 요즘에는 더욱 하향하여 30대에 명예퇴직을 강요당하는 것을 풍자하는 이른바 38선이란 말이 유행할 정도로 평생직장의 개념이 급속히 사라지면서 많은 샐러리맨들은 감원이나 직업의 불안에 의하여 심한 스트레스를 받고 있는 사람들이 늘어가고 있다.

결국 샐러던트라는 용이는 치열한 경쟁사회에서 도태되지 않으려고 애써야 하는 직장인의 처지를 반영하는 것이다. 샐러던트로서 직장에서 살아남기 위해서는 기존의 업무에 대한 전문성 확보는 물론 어학이나 자격증 취득은 물론 다른 분야의 전문지식을 쌓도록 사회에서 요구하고 있다.

한마디로 커리어개발을 하지 않으면 살벌한 세상을 살아갈 수 없다는 것이다. 따라서 생존전략으로서 우리는 커리어 개발을 위한 샐러던트가 되어야만 하는 시점에 놓여 있는 것이다. 한 가지 직업을 가지고 있으면서도 어학이나 자격증 취득은 물론 다른 분야의 전문지식을 자기 것으로 만들지 못하면 더 이상 생존경쟁에서 탈락할 수밖에 없다는 살벌한 현실을 앞두고 있다. 그러나 이러한 전망은 일시적인 현상이 아니라 앞으로 더욱 치열해져 결국은 평생직장보다는 평생직업을 찾기 위해서 평생 공부해야만 하는 사회가 온다는 것을 암시하는 것이다.

커리어 개발을 위한 20대 80의 법칙

"입력된 20퍼센트가 출력된 결과의 80퍼센트를 만든다"는 법칙이 있다. 이 법칙은 이탈리아의 경제학자 팔레트가 만든 것이다. 업무에서 전체의 흐름을 주도하는 것은 상위 20퍼센트 정도 안에 집중되어 있기 때문에, 그 20퍼센트의 일만 해결해도 전체 업무의 80퍼센트가 마무리 된다는 법칙이다. 커리어개발에도 이 법칙은 적용이 된다. 자신의 커리어개발을 위하여 무작정 자기 개발에 도전을 하는 것보다는 자신이 세워 놓은 경력 목표를 실현하기 위한 지식이나 기능을 파괴력이 높은 것부터 우선순위가 높은 대로 순서를 정해 보자. 그러면 상위의 것들을 달성하면서 하위의 것들은 자동적으로 해결되는 경우가 많다.

저자의 경우에도 컴퓨터 자격증을 10개를 취득해야 겠다는 목표를 정해서 도전을 했던 적이 있다. 그러나 당시만 해도 IT관련 지격증이 서서히 제도화되고 시행되던 때라 우선순의를 정하는 것은 오직 시행되는 첫 번째에 시험을 보는 것이 고작이었다. 그래서 시럼의 운선순위 보다는 가장 먼저 시작한 정보처리를 공부하고 정보처리를 취득하게 되었으며, 비슷한 것을 찾다 보니 정보기기를 공부하여 정보기기운용기능사를 취득하였고, 인터넷이 발전하면서 컴퓨터 그래픽이 뜰 것 같아서 컴퓨터 그래픽을 공부하여 컴퓨터 그래픽 기능사 자격증을 땄다. 인터넷의 놀라운 발전으로 홈페이지가 활성화됨에 따라 정확하게 정보를 검색하는데 도움을 주는 정보검색사를 공부하여 정보검색사 자격을 취득하였다. 그러나 보니 컴퓨터 관련 자격증을 모두 취득해야 하겠다는 욕심이 생겨서 나중에는 워드프로세서 자격증이나 컴퓨터 활용, 전자계산기도 별도로 공부를 하여 취득하게 되었다. 물론 다른 자격증 공부를 하면서 점차 컴퓨터 관련 정보를 습득하여 공통적으로 시험을 보는 과목에 대해서는 도움을 받기는 하였지만 시간적으로 희생이 컷던 것이다. 전략적인 실패로 인하여 1년이면 충분히 할 수 있는 것을 2~3년이라는 세월을 공들여야 쓰디쓴 경험을 가지게 되었던 것이다. 처음부터 자격증의 난이도나 파괴력을 고려하여 우선순위를 매겨서 정보처리, 컴퓨터 그래픽, 정보검색사를 우선적으로 공부하였다면 정보기기, 워드, 컴퓨터 활용 능력 시험은 공부를 특별히 하지 않아도 취득할 수 있는 자격이었다.

그러나 요리관련 자격증을 취득할 때는 20대 80의 법칙을 적용하여 가장 시험과목이 많거나 까다로운 자격증부터 우선적으로 취득해야 하겠다는 목표를 설정하였다. 이에 따라 가장 시험과목이 많은 한식조리기능사 자격을 먼저 취득하기로 하고 요리학원을 다녀 한식조리기능사 자격증을 취득하였다. 다음으로는 조리방법이 까다롭고 생소한 양식조리기능사 자격을 취득하기 위하여 학원을 다니면서 자격증을 취득하였다. 이후 중식조리기능사나 일식조리기능사는 학원을 다니지 않아도 전에 땄던 자격증들 덕분에 조리방법이나 시험방법에 대하여 자신감을 얻을 수 있어서 독학으로 자격증을 취득할 수 있었다. 결국 저자는 20대 80의 법칙을 적용하여 근 1년 안에 요리분야의 한식, 양식, 중식, 일식 등 4가지 자격증 중에서 한식, 양식 2가지 자격증은 학원을 다니고, 중식, 일식 등 2가지 자격증은 독학으로 자격증을 취득할 수 있어서 시간과 경비를 대폭 줄일 수 있었다.

커리어 개발에도 블루오션 전략이 있다

한때 서점가를 강타한 책이 있었다. 바로 블루오션전략(Blue Ocean Strategy)이란 책이다. 경제 경영서적이면서도 수많은 사람들이 이 책을 읽었다. 블루오션전략은 INSEAD 경영대학원(MBA)의 김위찬 교수와 르네 마조안 교수가 주장한 것으로, 2005년 4월 한국에 저서가 발간된 이후 급속한 파급력을 보이며, 한국의 경제계는 물론이고 정부나 정치권에 까지 관심을 받고 있는 경영전략 이론이다.

블루오션이란, 지금까지 존재하지 않았던 산업, 미개척 시장공간과 같은 경쟁사와의 생존경쟁이 없는 새로운 시장을 말한다. 이와 대립되는 레드오션은, 현존하는 산업, 세상에 알려진 시장과 같은 경쟁사와의 생존경쟁이 치열한 시장을 말한다. 결국 성장의 한계에 봉착한 남과의 경쟁을 버리고, 경쟁자가 존재하지 않는 새로운 시장인 블루오션의 발굴 창출을 통해 지속적인 성장을 이루자는 것이 주요지이다.

커리어 개발에도 레드오션과 블루오션은 있다. 리더들에게 레드오션은 남들이 누구나 할 수 있는 목표를 세워 도전한다면 자신의 목표는 달성할 수 있지만 치열한 생존 경쟁을 치루어야 하기에 자신의 가치를 희소성있게 만드는 데는 한계가 있다. 또한 이미 블루오션 전략으로 성공한 사람들의 삶을 따라하다 보면 근접하게 성공할 수는 있지만, 아무리 노력해도 "넘버 투"를 벗긴 어려울뿐더러 다시 블루오션 시장으로 뛰어드는 것과 같다.

리더는 단어에서 주는 의미처럼 남들과 무언가 다른 능력이 있는 사람이라는 뜻으로 볼 수 있기 때문에 원초적으로 블루오션 시장에 맞는 용어라고 할 수 있다. 따라서 리더가 되기를 원하는 사람들은 남들이 하지 못하거나 아직 하지 못한 부분에서 리더가 되어야 희소성의 가치도 높을뿐더러 경쟁을 하지 않고 쉽게 원하는 고지를 점령할 수 있다는 것이다.

성공을 위한 블루오션 전략을 찾거나 만드는 것은 그리 어렵지 않다. 리더의 장점은 바로 다양성에서부터 출발하기 때문에 다양한 지식이나 경험을 가지고 있다는 것이다. 다양한 지식이나 경험을 바탕으로 내가 되고자 하는 목표에 대한 트렌드를 추출할 수 있는 안목이 있으며, 트렌드를 바탕으로 블루오션 전략을 발견하거나 만들 수 있다.

결국 성공을 위한 블루오션 전략은 다양한 지식과 경험을 바탕으로 트렌드를 분석하고. 그에 따라 목표를 수립하고, 내가 가지고 있는 장점과 단점을 종합적으로 분석하여 융합하거나 다른 분야의 것을 추가하다 보면 나만의 블루오션 전략을 만들 수 있다.

전직을 결심하려면 커리어를 높여라

커리어를 높이는 이유에는 두 가지로부터 시작한다. 하나는 지금 직장에서 능력을 인정받아 오랫동안 다닐 수 있는 것과, 또 하나는 새로운 직장이나 일을 구하기 위해서이다. 전자처럼 단순히 살아남는 것에 만족하기 위하여 커리어를 높이려는 사람들은 위기의식이 없기 때문에 수동적이 되기 싶다. 수동적으로 자기를 개발하는 일이 과연 자신의 성장과 발전을 도모할 수 있을까? 세상일은 필사적적인 생각에 능동적으로 자기개발을 열심히 해도 일자리를 구하는 것이 만만치 않은 세상이 되었다. 이러한 상황아래 소극적으로 자기를 개발한 사람이 필사적적인 생각에 능동적으로 자기개발을 한 사람을 이길 수 있겠는가?

앞으로 개인의 정년이 단축되어 가는 시점에서 성장을 위한 전직은 더 이상 회사에 대한 배신행위가 아니라, 경력을 관리하는 한 방법인 동시에 기회일 수 있다. 그러기 위해서는 지금 직장이 안정되었다고 해서 만족하지 말고 미래의 퇴사 후를 생각해서 전략적인 경력관리를 해야만 한다. 이제 회사에서 짤리는 것을 두려워하는 것은 어리석은 짓이다. 이미 회사에 들어간 순간 우리는 이미 퇴사를 결정받는 것이나 다름없다. 다만 그것이 짧으나 기느냐의 차이일 뿐이다. 진정한 커리어를 높이려는 사람은 현재의 직장에 최선을 다하지만 만족하지 않고 더 나은 나를 위하여 주도면밀한 경력 개발을 진행하는 사람을 말한다.

지금 직장인들은 지속적이고도 주도면밀한 경력 개발 없이 평생고

용만을 기대할 수는 없는 상황을 맞고 있다. 개인은 스스로 최상의 능력과 경력을 쌓아야 하고, 기업은 그 중에서 자기 조직에 가장 적합한 사람만을 골라 계속 고용상태에 이르게 될 것이다. 따라서 언제 올지 모르는 퇴직을 위해서 미리 준비하면 할수록 퇴사 후의 삶에는 자신감이 넘치게 된다.

그러나 아무 준비를 하지 않은 상태에서의 퇴사는 땅바닥에 내 팽개 펴진 개구리처럼 충격이 커서 새로운 시장에 진입하기 위한 준비를 할 수 있는 여력이나 여유가 생기지 못한다는 것이다.

실제로 직장을 다니고 있을 때는 자기개발을 위한 어학학원이나 자격증을 취득할 수 있지만 직장을 다니지 않은 상태에서는 시간이 더 많음에도 불구하고 자기개발을 위하여 집중하기가 어렵다. 자신감도 떨어지게 되고, 자신이 하는 자기개발에 대하여 불신하게 되고, 급기야는 포기하게 된다.

시간이 걸리는 자기개발보다는 당장 눈앞에 보이는 경제적인 문제를 해결해야 하기 때문에 먼 미래를 볼 수 없기 때문이다.

이제 우리는 눈을 크게 뜨고 우리의 미래사회를 읽어야 한다. 평생직장의 시대가 아닌 평생직업의 시대에는 전직하겠다는 각오로 주도면밀하게 경력 개발을 하지 않으면 우리는 퇴직의 휴유증을 심하게 앓아야 한다. 여러분은 어떤 길을 선택하겠는가? 자신감있는 지금 자기개발을 시작할 것인지? 아니면 자신감을 상실하고 당장 먹고 살 일이 막막한 상태에서 자기개발을 할 것인지?

커리어를 높이는데
적성은 중요하지 않다

적성(適性)은 작업에 대한 각 개인의 적응 능력 또는 어떤 사물에 알맞은 성질을 말한다. '알맞은 성질'을 제대로 아는 것이 적성을 아는 것이 되고, 나아가 그 적성을 알아야 그에 따른 올바른 진로를 선택할 수 있을 것입니다. 여기서 말하는 '알맞은 성질'이란 "천부적으로 타고난 성질을 의미한다."고 보는 것이 타당할 것이다.우리는 학창시절 적성검사라는 것을 통해 자신이 그 학과 공부에 맞는가 여부나 또는 장래의 직업으로 자신의 적성에 맞는 직업을 찾았다. 그러나 언어, 수리, 외국어 등의 영역을 문제를 풀어서 테스트하는 것이다.

이 지구상에 존재하는 모든 생물체는 천부적으로 생존을 위한 독특한 성격과 감각을 타고 났다. 개개인마다 생긴 모양이 다르듯이 천부적인 성격도 다르게 타고난다는 사실은 매우 중요한 의미가 있다. 이런 천부적인 성격을 무시한 채 선망의 대상이 되는 직업을 갖거나, 무조건 부모들의 뜻에 따라 진로를 선택하는 것은 매우 위험한 일이기도 하다. 가장 현명한 방법은 적성검사에 의존하여 자신의 직업을 찾는 것은 삶이 여유로울 수 있기 때문이다. 그러나 적성은 여유있는 사람 능력있는 사람들의 전유물이다. 가난하거나 능력없는 사람들은 적성을 생각할 여유가 없다. 적성과는 상관없이 먹고살기 위해서 어떤일이나 해야 하는 경우가 많다.

서울대 수석합격과 사법시험에 합격하여 유명한 장승수씨는 일찍 아버지를 여의고 어려운 가정 형편 때문에 대학을 일찌감치 포기하고 술집으로 당구장으로 돌아다니면 싸움꾼 고교 시절을 보냈다. 그리고 고등학교를 졸업한 후에도 그는 포크레인 조수, 오락실, 가스·물수건 배달, 택시 기사, 공사장 막노동꾼 등 여러 개의 직업을 전전하면서 스무살 때 찾아온 공부에 대한 열정으로 집안의 생계를 책임지는 가장 노릇과 뒤늦게 대학문을 두드리는 늦깎이 수험생 노릇을 하였다. 장승수씨의 삶에 무엇이 적성이었을까? 법조인이 적성일까? 아니면 포크레인 조수, 오락실, 가스·물수건 배달, 택시 기사, 공사장 막노동꾼 등일까? 그는 적성은 중요한 것이 아니고 삶의 상황이 나쁘면 어쩔 수 없이 어떤 일이라도 해야 한다는 것을 직접 보여 주었다.

적성을 너무 고려하게 되면 스스로 자기에게 좋은 일만 찾게 되어 결국 아무일도 할 수 없게 될지도 모른다. 따라서 자신이 원하는 커리어 개발을 위해서는 적성을 중요하게 생각하지 않고 미래의 내 인생을 이끌만한 매력이 무엇인가를 생각하고 도전하는 것이 더욱 바람직하다. 그렇다면 자신만의 커리어를 만들기 위해서는 어떻게 해야 할까? 다음과 같은 과정을 거친다면 자신만의 커리어를 만들 수 있을 것이다.

우선은 자신을 정확히 인식하는 것이 중요하다.
자신을 정확히 알고 분석하기 위해서는 자신이 현재 처해 있는 상황이나 환경의 변화, 자신이 원하는 인생목표에 대해서 근본적인 진단이 필요하다.

자신이 가장 잘 할 수 있는 분야를 선택하라.
자신에 대한 근본적인 진단을 바탕으로 자신이 가장 잘 할 수 있는

분야가 무엇인지를 선택하여 그 분야의 전문성과 커리어를 쌓아가는 것이다. 자신이 잘하는 분야를 선택할 때는 미래의 트렌드를 분석하여 유망분야를 선택해야지 경쟁이 치열한 시장을 선택하는 것은 좋지 못하다.

자신의 분야에 대한 전문성을 가저라.
자신이 선택한 분야에 대한 커리어를 개발할 때는 남들이 다 할 수 있는 일반적인 경력을 쌓을 것이 아니라 남들이 접근하기 어려운 전문성을 가질 수 있도록 심층적으로 커리어를 개발해야 한다.

시간관리가 성공을 단축시켜준다

시관관리를 위한 전략

시간관리란 똑 같이 주어진 시간을 효율적으로 활용하여 더 많은 시간처럼 사용하는 것을 말한다. 시간은 성공을 단축시켜주는 중요한 역할을 수행함에도 시간의 소중함을 평소에는 인식하지 못함에 따라 시간을 소홀하게 보내는 경우가 많다. 따라서 시간 관리는 평소에 생활습관을 바꾸어 시간을 효율적으로 활용하게 함으로써 성공에 빠르게 도달하게 한다.

성공을 빠르게 이루어지게 하는 시간 관리를 위해서는 첫째는 시간 관리의 소중함을 알아야 하며, 둘째는 시간관리 방법에 대하여 알아야 하며, 셋째는 시간관리에 따른 실천 전략을 세워야 한다.

다음은 하위요소들을 구체적으로 실현하기 위한 사항들이다.

요소	하위요소	진단 사항
커리어	1. 시간 관리의 중요성	○ 시간의 중요성을 아는가? ○ 나는 시간관리를 어떻게 하고 있는가?
	2. 실천 전략	○ 나는 일의 우선순위를 정할 수 있는가? ○ 나는 시간 사용계획을 정할 수 있는가? ○ 나는 일을 뒤로 미루지 않을 수 있는가? ○ 나는 일을 인맥을 활용해 할 수 있는가? ○ 나는 일을 할 때 집중할 수 있는가? ○ 나는 어려운 일을 먼저 할 수 있는가? ○ 나는 일을 할 때 시간대를 선택하여 할 수 있는가? ○ 나는 전화 통화도 계획을 세우는가? ○ 나는 메일을 확인하는 것도 계획을 세우는가? ○ 나는 감당할 수 없는 일은 시작하지 않는가? ○ 나는 반복되는 일은 단순화할 수 있는가? ○ 나는 완벽주의에서 벗어날 수 있는가? ○ 나는 앉자마자 일을 시작하는가?

우리가 시간을 아끼며 살아야하는 이유

하루 24시간, 일년 열두 달이라는 정해진 시간을 살아야 하는 건 모든 사람에게 주어진 공통된 운명이다. 그렇기 때문에 주어진 시간을 얼마나 잘 쪼개어 효율적으로 쓰느냐에 따라 시간은 무한정 늘어날 수도 있고, 쫓기며 보낼 수도 있다. 이러한 사실은 누구나 알고 있지만, 실천하기 어려운 주제이다.

1967년, 국제 도량형 총회는 세슘 원자가 91억 9천 2백 63만 1천 7백 7십번 진동하는데 필요한 시간을 1초라고 정의했다. 극히 짧은 한 순간 '1초'라는 시간의 길이는 흔히 생각하는 것처럼 그리 짧지 않은 시간이라는 것이다. 우리가 무심코 지나치기 쉬운 1초가 모여 1분이 되고, 1시간이 되고, 하루가 되고, 1주일이 되고, 1달이 되고, 1년이 되고 평생이 된다. 1초가 우리 인생의 전부를 말한다고 해도 과언이 아니다. 그 1초가 얼마나 소중한가를 우리는 깨달아야 한다.

가끔 외국의 유명한 마술을 보면 공중에 매달린 상자 안에서 마술사가 사슬과 자물쇠에 묶여 베일에 가린 채 자물쇠를 풀고 탈출하지 못하면 상자가 떨어지거나 부서지는 마술이 많다. 정말 조마조마한 모습이지만 마술사들은 항상 어김없이 정해진 내에 상자 안에서 사슬과 자물쇠를 풀고 탈출하는데 성공한다. 만약 그 마술사에게 1초가 부족하여 자물쇠와 사슬을 풀지 못했다면 어떨까 가정해보자. 정말 끔찍한 일이 발생할 것이다. 우리의 삶 속에서도 단 1초가 부족하여 시험장에서 제대로 답을 쓰지 못하여 불합격하거나, 1초만 더 일찍 왔으면 만날 수 있었던 일이나, 1초만 더 있었으면 성공할 수 있었던 일이 많았을 것이다. 1초가 부족하여 우리가 정성들여 준비해왔던 일이 성사되지 않았던 적도 있을 것이다. 이처럼 1초는 매우 짧지만 보잘 것도 없지만 어떤 때는 인생의 기로에 서게 하는 역할을 하기도 한다.

EBS교육방송의 프로그램인 '지식채널e'에서 방영된 '1초'를 보고 많은 사람들은 1초의 소중함을 느끼고 있다.

1초 동안 일어날 수 있는 일 들 중에는

- 재채기 때 터져 나오는 침이 공기저항이 없을 때 100m를 날아가는 시간

- 투수를 떠난 공이 배트에 맞고 다시 투수에게 날아가는 시간

- 인간의 주먹이 1톤의 충격량을 만들어 내는 시간

- 재채기 때 터져 나오는 침이 공기저항이 없을 때 100m를 날아가는 시간

- 총구를 떠난 총알이 900m를 날아가 표적을 관통하는 시간

- 대지를 적시는 비 420톤이 내리는 시간

- 빗방울을 피하기 위한 달팽이의 달리기 거리 1Cm를 통과하는 시간

- 두꺼비의 혀가 지렁이를 낚아채는 시간

- 지구가 태양으로부터 받는 486억Kw의 에너지를 얻는 시간

- 새로운 생명의 2.4명이 탄생하는 시간

- 1.3대의 승용차와 4.2대의 텔레비전이 만들어지는 시간

- 5,700리터의 탄산음료와 51톤의 시멘트가 소모되는 시간

- 22명의 여행자들이 국경을 넘는 시간

- 79개의 별이 사라지는 우주

- 우주의 시간 150억년을 1년으로 축소할 때 인류가 역사를 만들어
  간 시간 이라는 것이다.

참으로 1초 작고 짧지만 너무 많은 일들이 일어나는 시간이다. 여러
분들은 과연 이 짧은 시간을 무엇을 하고 지내시는지요?

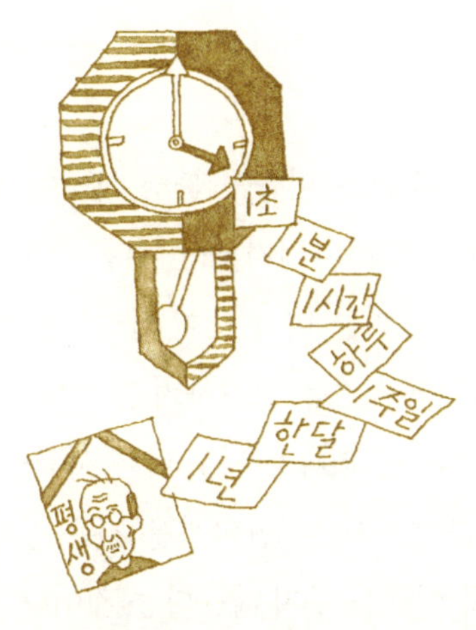

성공은 시간관리가 생명이다

시간이란 한번 지나면 다시는 돌아오지 않는 것이므로 항상 소중히 생각하여 사용해야 한다. 우리는 시간의 중요성에 대하여 강조한 겪언들을 흔히 접할 수 있다. 그 대표적인 예로, "시간은 금이다.", "하루 5분이면 인생이 바뀐다.", "하루하루를 우리의 마지막 날인 듯이 보내야 한다.", "세월은 화살과 같이 지나간다." 등 하루하루를 의미있게 보내라는 뜻이 대부분이다.

시간에 대한 겪언이 많은 이유는 분명 시간이 우리 인생 중에서 가장 가치 있는 자산 중의 하나이기 때문이다. 이렇게 소중한 자산을 최대로 활용하기 위해 우리는 미친 듯이 달려들어 '빨리 빨리'를 외쳐댈 수밖에는 없다. 심지어 시간을 절약하려면 두세 가지의 일을 한꺼번에 하라는 금언까지 있다. 그러나 아직도 많은 사람들은 한번에 한가지만 최선을 다하려고 한다. 그러나 안타까운 것은 시간은 한 가지에 모든 시간을 투자하도록 여유를 주지 않는다는 것이다.

개인적으로 세상과 인연을 끊고 느림의 미학을 즐기는 생활을 할 수는 있다. 세상이 아무리 빨리 변해도 여유있게 느긋하게 세상을 살 수 있다. 그러나 다시 사회로 돌아온다면 엄청난 문화적 충격을 감수해야 할 것이다. 또한 세상의 빠름을 비웃으며 살아 갈 수 있다. 그들은 느린 삶에 충족한 행복감을 느낄 수는 있을지 몰라도, 결코 세상을 장악하는 빠름을 이길 수는 없다. 그들은 빠름을 이긴 것이 아니라 그저 빠름을 피해 숨어버린 것일 뿐이기 때문이다.

세상이 복잡해지면 질수록, 개인의 역할이나 지위가 많아지면 질수록 본인의 의사와는 상관없이 스케줄이 생기고 일이 생기게 된다. 멀티플레이어는 여러 가지 분야의 지식을 가져야 하거나 다양한 업무를 할 줄 아는 사람이다. 따라서 시간 관리를 잘해야 그 많은 일들을 차근차근 진행해야 할 것이다.

시간 관리를 잘못하여 시간이 부족한 상태에서 성공한 사람이 되려는 것은, 도전은 하지 않고 마음만 성공하기를 원하는 것이다. 지금까지 성공한 사람들을 보면 결국은 시간 관리에서 성공한 사람들이 대부분이다. 그들은 시간 관리를 통하여 남은 시간을 자신의 발전에 재투여 함으로 인하여 성공하였고, 그들은 시간 관리면에서도 성공하게 된 것이다.

시간 관리의 성공이란 자신에게 주어진 시간들을 면밀히 분석하여 쓸모 없는 곳에 시간을 낭비하지 않으며, 기존의 시간 사용습관에 대하여서도 최소한의 시간에 최대한의 효과를 보기 위하여 최대한 노력하는것을 말한다. 또한 아무리 바빠도 자신의 개발을 위하여 짜투리 시간을 모아서 자신의 성공을 향하여 노력하는 것을 말한다. 일본 사람들을 보라 그들은 바쁜 출퇴근길에서도 자신이 세운 목적을 달성하기 위하여 기차나 전철 안에서도 독서를 하는 것이다.

성공하고자 하는 사람들은 평소에도 열심히 사는 사람들이다. 학생들은 학교를 다니면서 짜투리 시간을 모아 공부를 하고, 직장인들은 직장이 끝나는 시간부터 잠을 줄여 노력하며 자신의 성공을 위하여 도전으로 옮긴다.

자기개발을 위한 시간을 내는 것에 대하여 사람들은 바쁘다는 핑계로 실천하지 않는 경우가 많다. 그러나 역설적으로 이야기하면 바쁘다고 이야기할 수 있다는 것은 그만큼 여유가 있는 것이다. 진정으로 바쁜 사람은 바쁘다는 생각을 할 수 없을 만큼 바쁘기 때문이다. 하루를 돌이켜 보면 내가 활용할 수 있는 얼마나 짜투리 시간이 많은가 생각해 보라.

버스나 전철 안에서도 책을 읽어 보자. 연습이 되지 않은 사람은 혼란스러워서 하기 힘들지도 모른다. 그러나 재미있는 만화책이라도 보는 연습을 통해서 습관이 되면 버스나 전철 안이 나의 독서실이 된다. 손수 차를 몰고 다니는 사람은 영어 테이프나 MP3에 영어를 담아 들어 보라. 아무 생각없이 운전하는 것보다 훨씬 효율적일 것이다.

식사를 할 때도 걸어 다닐 때도 화장실 가서도 막연한 상상만 할 것이 아니라 짜투리 시간을 어떻게 활용하면 좋을지를 고민해보라. 그리고 자리에 앉기만 하면 바로 업무를 시작해보라. 이미 무엇을 할지 얼마나 할지를 생각하였기 때문에 오직 밀도있는 업무를 할 수 있다. 그럼 하루 24시간이 길다는 생각과 함께 시간이 남아돌아가게 된다.

혼자서 자기개발하는 것이 어려운 경우는 학원을 수강해보라. 그리고 진도를 나아가면서 자신을 개발하기 위하여 노력해보라. 그럼 아무것도 하지 않았던 때보다 훨씬 많은 것을 얻게 될 것이다.

시간이 많다고 성공을 보장하는 것이 아니다. 다만 주어진 시간을 어떻게 하면 짜임새 있게 잘 사용하느냐가 성공의 관건이 된다.

성공하는 사람은 빨라야 한다

미래학자 엘빈 토플러는 지구촌은 이제 강자와 약자 대신 빠른 자와 느린 자로 구분될 것이라고 했으며 포드사의 도널드 패터슨 회장은 성공하는 기업과 낙오하는 기업을 구분하는 가장 중요한 척도는 시간에 대한 패러다임이라고 말했다. 20세기 기업의 패러다임도 "좋은 물건을 싸게"였다면 21세기는 "새로운 것을 빨리"로 바뀌게 되었다.

이제 누구도 거부할 수 없는 지금은 'Speed'시대가 되어 버린 것이다. 차와 사람, 컴퓨터, 기업 등 무엇이든 빨리 움직이고 빨리 받아들이고 더 빨리 움직여야만 대접받는 시대가 되었다. 한국인의 전통적인 느림과 여유의 미덕은 사라지고 빠름과 재촉이 지배하는 시대 속에서도 변화는 끊임없이 이뤄지고 있다.

하다 못해 사람의 즐거움 중의 하나인 음식분야에서도 패스트푸드(fast food)가 우리의 식탁에 자리를 잡아가고 있다. 패스트푸드(fast food)는 생산량과 속도를 최고 시하는 현대사회를 상징하는 것 중의 하나가 되어 버렸고, 우리의 삶의 구조에서 시간을 아껴서 살라는 교훈을 주고 있는 것이다.

한때 통신수단이 편지밖에는 없던 시절이 있었다. 그때는 애써 고른 편지지에, 한 문장을 쓸 때마다 나름대로 아름다운 언어로 감동적인 글을 쓰기 위하여 밤새 공들여 편지를 쓰고 마음에 안 들어서 찢고 다시 썼던 적이 있다. 그러다 전화기가 나오며 편지는 줄어들게 되었다.

그러나 바로 인터넷 환경의 급속한 발달로 E-메일이라는 것이 생겨나 편지의 자리를 대신하게 되었다. 마치 E-메일을 안하면 무언가 세상의 변화에 역행하는 사람처럼 보여 서투른 솜씨로 메일을 보내기를 시작하였다.

이제 평범한 E-메일을 거부하는 사람들을 위해 프로그램 안에 예쁜 편지지도 고를 수 있게 되었으며, 음악도 같이 나오고 동영상도 같이 보낼 수 있게 되었다. 그러나 이제 우리 국민 모두가 이메일이 주는 속도의 즐거움과 편함에 잠시 도취되어 있는 사이에 핸드폰이 전국만의 필수품으로 자리를 잡으면서 어느새 문자메시지가 소식을 전하는 대명사처럼 되어 버렸다.

요즘의 신세대는 바로 핸드폰을 통한 문자메시지에 익숙해지면서 굳이 메일이 주는 효율성에 빠질 필요가 없었다. 점차 메일 인구가 늘었던 속도보다는 핸드폰을 이용한 문자메시지 이용 인구가 폭발적으로 늘고 있다. 젊은 세대들은 문자메시지를 통하여 모든 의사를 전달하고, 사랑을 나누고, 지식을 나눈다. 처음에는 문자만 가능했는데 이제는 에니메이션에 배경음악에 모든 것이 다 있다. 이제 얼마 있지 않으면 핸드폰으로 동영상 전화가 가능하게 된다. 그러면 또 얼마나 다른 문화들이 빠르게 변화를 할 것인가?

오늘 내가 필요하다고 생각하면 내일 바로 상품화 되는 시대가 왔다. 어쩌면 내가 필요하다고 생각했는데 이미 나와 있는 경우도 많다. 세상은 이처럼 생각할 기회마저도 주지 않고 빠르게 변하고 있는 것이다.

정말 어느 책의 제목처럼 머뭇거릴 시간이 우리에게는 없다는 것이다. 무슨 일이든 생각나면 바로 실행에 옮겨야 한다는 것을 의미하는 것이다. 따라서 남들보다는 빨라야 그 시장에서 블루오션의 기회를 누릴 수 있다. 남들보다 생각이나 행동이 늦으면 우리는 처절한 경쟁 시장인 레드오션에 빠질 수밖에 없게 된다.

성공이 클수록 많은 시간을 들여야 한다

우리가 이렇게 성장하게 된 저력에 대하여 외국 사람들은 "빨리 빨리의 신화"가 있었기 때문이라고 한다. 조선 시대만해도 여유로운 생활이 모든 것의 중심이라고 생각했던 사람들이 이처럼 빠른 것을 선호하게 된 것은 한편으로는 단기간에 이루어낸 경제성장과 다른 한편으로는 속도를 강조하는 현대문명과 관련이 있는 것으로 생각된다. 농업중심의 사회에서 공업중심의 사회가 되는데 다른 나라들은 백년이 넘게 걸렸지만, 우리는 불과 40여년 밖에 안 걸렸다. 우리나라는 빠른 경제성장에 주력했고, 이것이 우리나라 사람들에게 빨리 빨리에 익숙하도록 했다. 여기에다가 속도와 효율성을 강조하는 현대문명이 빨리 빨리를 부추겼고 일상화하는데 기여했다.

이러한 변화는 패스트 푸드의 확산, 고속도로에서의 과속주행, 빠른 컴퓨터의 경쟁적 구입, 곳곳에 들어서 있는 속성 학원, 읽는데 시간이 오래 걸리는 책보다는 쉽고 금방 읽을 수 있는 책, 오랜 시간을 들여 얻을 수 있는 것보다 적은 시간을 들여 빨리 얻을 수 있는 것을 더 선호한다.

그래서 우리는 어떤 일을 해도 빨리 끝낼 수 있는 것에만 집착하는 것이 많다. 그러나 문제는 짧은 시간에 끝낼 수 있는 것 중에 희소성의 가치가 있는 것은 별로 없다는 것이다. 짧은 시간에 최대한의 효과를 볼 수 있는 것은 나만 관심을 가지고 있는 것이 아니라 모든 사람이 선택하기 때문이다.

사회적으로 성공을 한 사람들이 존경받는 이유를 보면 오랜 시간을 들여서 목표를 달성하였기 때문이다. 시간이 많이 걸린 성공일수록 평범한 사람들이 접근하기 어려운 성공이 많다. 오랜 시간이 걸렸기 때문에 희소성의 가치가 있는 성공한 사람이 될 수 있다.

그러나 빨리 성공의 세계로 가야 하는 사람들은 최단 시간에 성공하는 빠른 방법만을 찾는다. 이 세상에 빠른 방법으로 성공할 수 있는 방법은 복권이나 로또 밖에는 없다. 그 이외에는 목표를 세우고 그에 따른 강력한 추진 의지를 가지고 실천하여야 성공한다.

우리 옛말에도 "급할수록 돌아가라."라는 말이 있다. 이 말은 한마디로 급하다고 생각해서 서두르면 집중도 안되고 능률도 오르지 않아 좋은 결과를 얻을 수 없다는 것을 의미하는 말이다. 따라서 희소성의 가치가 높은 성공을 원할수록 많은 시간을 가지고 준비와 실천을 하여야 한다.

성공한 사람들은
바쁘다는 이야기를 하지 않는다

현대인들은 언제나 정신없이 하루를 시작하고, 또 정신없이 하루를 마감하면서 너무 바쁘게 살아가는 것 같다. 그래서 그런지 묻지도 않는데 "바쁘다. 바쁘다."를 외쳐댄다. 사람들은 만나자 마자 묻는 첫마디가 "바쁘시지요?" 라고 한다.

그러나 주변을 보면 하루 24시간은 누구나 똑같이 주어졌는데 사용하는 사람에 따라 엄청나게 다른 결과를 가져오고 있다. 똑 같은 24시간을 가지고 있음에도 어떤 이는 자기가 원하는 목표를 이루어 성공한 사람으로 행복한 세상을 여유롭게 사는 반면, 어떤 이는 자신의 목표를 이루지 못하며 항상 시간에 쫓기며 한 세상을 사는 경우가 있다. 똑같은 시간을 가지고 있으면서 누구는 성공하고 누구는 실패하는 삶을 사는 이유는 무엇인가?

항상 바쁘다는 말을 입에 달고 살지만, 사실은 시간을 능률적으로 사용하지 못하고 있는 것은 아닌가?, 또 자신의 꿈은 어디엔가 잃어버린 채, 마지못해 하루하루를 살고 있지는 않은지 한번 쯤 생각해 볼 필요가 있다.

세상에서 가장 바쁜 사람은 바쁘게 일하는 사람이 아니라 "노는 사람"이라고 한다. 노는 사람은 점심은 누구랑 먹고, 어떻게 하면 재미있게 놀까를 생각하기 때문에 시간이 부족하다는 것이다. 실제로도 제일 시간적 여유가 많을 것 같은 노는 사람들에게 연락해보면 항상 일이 많다고 한다. 만날 사람도 많고, 볼 것도 많고, 먹을 것도 많다. 그래서 매일 바쁘다는 것이다.

그러나 사회적으로 성공한 분들의 삶을 오랫동안 지켜보면서 느낀 것은 바쁘다는 말을 하지 않는 것이었다. 남들보다 몇 배나 많은 일들을 하면서도 전혀 바쁘다는 말을 하지 않았다. 그 분들은 너무 바쁘기 때문에 바쁘다는 말을 할 시간이 없다는 것이다. 그렇다고 성공한 분들이 오직 일이나 자기개발에만 모든 시간을 사용한 것은 아니다. 그렇게 바쁜 와중에도 자신들이 좋아하는 일은 다 한다는 것이다.

저자가 아는 B는 유명인으로 하루를 25시간으로 산다. B는 영화를 보는 것이 취미다. 그래서 그는 아무리 바빠도 개봉영화가 들어오면 조조나 가장 늦은 시간의 짜투리를 이용하여 영화를 보고 영화평에 대한 이야기를 해준다. 그러면서 자신이 영화를 보는데 사용한 시간을 보충하기 위하여 잠을 덜 잔다고 한다. 바쁘다는 이유로 자기가 하고 싶은 것을 못하는 것은 핑계라고 한다. 자신이 좋으면 아무리 바빠도 자기가 하고 싶은 일은 해나간다는 것이다. 바쁘다는 말보다 마음에 여유가 없다는 것으로 표현하는 것이 좋다고 했다.

이렇게 보면 바쁘다는 말을 많이 하는 사람일수록 실제로는 바쁘지 않다는 것이다. 바쁘다고 말하는 짧은 시간들을 모아 놓으면 의외로 많은 여유의 시간이 생길지도 모른다.

"나도 열심히 바쁘게 사는데 왜 나는 성공하지 못할까?" 라고 생각하는 사람이 있다면 주변을 살펴보자. 주변 사람들은 나보다 더 바쁘게 살아가고 있는 것을 알아야 한다. 24시간이라는 시간의 양은 똑 같지만 그 시간을 사용하는 방법에 따라 인생은 천차만별하게 바뀐다는 생각을 가지고 자신의 시간을 냉정하게 분석할 필요가 있다.

"늘 정신없이 보내는 일상을 어떻게 하면 잘 보낼 수 있을까?" 또 "누구에게나 똑같이 주어진 짧은 하루, 일주일, 한 달, 일 년의 시간을 보다 알차고 효율적으로 사용할 수 있는 방법은 없을까?"를 항시 고민해 보자.

그러다 보면 아무 생각없이 시간을 보내는 사람들보다는 성공에 이를 확률이 높아진다. 최소한 성공은 못하더라도 시간을 효율적으로 사용할 수 있기 때문에 시간적인 여유는 생길 것이다.

시간은 돈이다

우리는 하루 중에서 잠자는 시간을 빼면 반 이상의 시간을 자신이 근무하는 직장에서 보내고 있다. 많은 시간을 보내는 직장에서 어떻게 일을 하고, 어떻게 시간을 보내면 후회 없는 직장생활을 할수 있나, 또는 좀 더 일의 효율성을 높일 수 있는 방법을 찾는다면 시간을 돈으로 계산해서 사용해 보라.

우리는 대부분 하루에 여덟 시간씩 일한다. 그러나 어떤 사람은 부유하게 살고 어떤 사람은 가난하게 산다. 또한 어떤 사람은 하루에 열네 시간씩 일하면서 3천만 원의 연봉을 받고 어떤 사람은 하루에 여덟 시간만 일하면서도 1억 원의 연봉을 받는다. 이들의 차이는 어디에서 오는 걸까? 물론 학력이나 능력 혹은 전문 자격의 차이일 수도 있다. 그러나 같은 업종, 같은 경력의 사람에게 이런 차이가 있다면 이는 시간을 보는 개념이 완전히 다르기 때문이다. 단순히 더 많은 시간을 일한다고 수익이 올라가는 것이 아니며, 더 많은 수익을 올리기 위해서는 생산성이 더 높은 일에 집중해야 함을 아는 사람들만이 시간을 다르게 본다. 이들이 바로 고액 연봉자, 성공하는 사람이다. 그것은 시간을 효율적으로 사용할 수 있는 능력의 차이라고 할 수 있다.

스펜서 존슨의 「선물」이라는 책을 보면 이런 구절이 있다.

10년의 소중함을 알고 싶으면,

미래에 대하여 준비하지 않아 어렵게 사는 사람들에게 물어보라!

1년의 소중함을 알고 싶으면,

시험에 떨어진 재수생들에게 물어보라!

1달의 소중함을 알고 싶으면,

미숙아를 낳아 인큐베이터 아이를 넣은 어머니에게 물어보라!

1주일의 소중함을 알고 싶으면,

방금 사랑하는 배우자를 떠나보낸 주말 부부에게 물어보라!

1일의 소중함을 알고 싶으면,

어제 자녀가 죽은 부모에게 물어보라!

1시간의 소중함을 알고 싶으면,

약속장소에서 사랑하는 연인을 기다리는 사람에게 물어보라!

1분의 소중함을 알고 싶으면,

하루에 한 대 오는 버스를 놓친 사람에게 물어보라!

1초의 소중함을 알고 싶으면,

2등한 마라톤 선수에게 물어보라!

1000분의 1초의 소중함을 알고 싶으면,

2등한 100미터 달리기 선수에게 물어보라!

매일 아침 당신에게 86400원을 입금해주는 은행이 있습니다. 그리고 그 계좌는 당일이 지나면 잔액이 사라집니다. 매일 저녁 당신이 그 계좌에서 쓰지 못하고 남는 잔액은 모두 지워져버리죠. 매일아침 은행은 당신에게 새로운 돈을 넣어줍니다. 매일 밤 그날의 남은 돈은 남김없이 사라집니다. 어제로 돌아갈 수도 없으며, 내일로 연장 시킬 수도 없습니다. 오로지 오늘 현재의 잔고를 갖고 우리는 살아갈 뿐입니다. 건강과 행복과 성공을 위하여 최대한 사용할 수 있을 만큼 뽑아 쓰십시오.

인간이란 이해 득실에 매우 민감하다. 일을 할 때 시간절약을 위한 업무의 진행순서는 생각하지 않는 사람이 전적으로 손실과 이득을 계산할 때는 거의 직감적으로 컴퓨터보다 더 정확하고 빠르게 처리한다. 시간의 가치보다는 돈의 가치를 더욱높게 평가하기 때문이다.

결국 이 세상의 성공하는 사람과 그렇지 않은 사람과의 차이는 시간에 대한 생산성의 차이에 있는 것이다. 작년보다 금년, 어제보다 오늘, 1시간 전보다 현재 어떻게 하면 시간에 대한 생산성을 높일 수 있는지를 생각하고 모든 지식과 지혜를 총동원해 보자.

방법을 생각하고 찾아내는 사람이 부자가 되는 것이다.

시간을 관리하면 성공이 보인다

시간의 소중함을 모르는 사람은 없을 것이다. 또한 어떤 일을 하든 지 효과적으로 일을 하고 싶지 않은 사람도 없을 것이다. 열심히 일하고 충분한 여가도 보내고 싶지 않은 사람도 없을 것이다. 중요한 것은 사회가 발전하면 할수록 시간을 줄여주는 제도나 기계의 발명에도 불구하고 복잡하고 많은 일들이 생겨나 우리의 균형을 깨고, 시간을 빼앗고, 리듬을 잃게 한다는 것이다.

그러나 아무리 바쁜 생활을 하여도 업무효율을 높이는 사람, 개인시간을 확보하는 사람, 자기개발에 시간투자가 충분한 사람에게는 우리들이 알지 못하는 시간관리 비결이 있다. 시간 관리를 잘 하면 다른 일을 하기 위한 시간을 마련할 수 있고, 경영진이나 중간 관리자로서의 업무를 처리하기 위한 시간을 마련할 뿐만 아니라, 절대 소홀히 할 수 없는 사생활을 위한 시간과 가족을 위한 시간을 마련할 수 있다. 성공하는 사람들의 시간 관리를 보면 다음과 같은 특징을 가지고 있다.

우선순위 정하기와 필요없는 일 하지 않기

시간이 부족하다고 생각하는 사람들은 거의 모두가 할 일이 너무 많다는 불평을 한다. 그러나 사람들의 할 일을 잘 들어 보면 중요하지 않은 일임에도 불구하고 중요하다고 생각하는 경우가 많았다. 더욱이 하지 않아도 될 일을 굳이 하면서 바쁘다는 것이었다.

이런 경우는 일의 우선순위를 결정주고 어떻게 우선순위를 정해야 하는지를 결정하면 쉽게 해결할 수 있다. 내가 하루에 해야 할 일들을 미리 적어보고 그 중에서 가장 우선시해야 할 일들을 순서적으로 적어본다. 그리고 하지 않아도 될 일이나 나중에 해야 할 일을 결정해 보자. 그럼 시간을 효율적으로 사용할 수 있는 방법이 보인다.

일을 할 때는 가장 효율적으로 진행할 수 있는 순서를 미리 정해두는 것이 좋다. 미리 순서를 정해두고, 그 순서대로 일을 추진하면 확실하게 마무리를 지을 수 있다. 다음에도 같은 일이 떨어지면 일의 순서를 알고 있기 때문에 안심하고 쉽게 할 수 있다. 또한 지금 일을 하고 있는 중에도 다른 일이 생기면 일을 정확하게 알고 있기 때문에 지금 하는 일에 열중할 수 있다. 그렇지 않으면 설령 한 가지 일을 끝냈다고 하더라도 "다음에 무슨 일을 하면 좋을지" 몰라 우왕좌왕하게 된다. 만약 예측불허의 긴급한 일이 발생했을 때는 지금 하고 있는 일보다 우선시해야 하는가를 생각해보고, 막중한 경우에는 새 일에 착수하고, 그렇지 않을 경우에는 지금의 일을 지속한다.

시간 사용 계획 세우기

오래된 속담이지만 좋은 문구가 있다. "어느 누구나 실패하기 위해 계획을 세우진 않지만, 실패하는 사람들은 단지 계획을 세우는데 실패하기 때문이다." 결국 계획을 잘 세우지 못하기 때문에 실패한다는 것을 의미한다. 따라서 시간 관리를 잘하기 위해서는 시간 사용 계획을 잘해야만 한다는 것이다. 일을 계획적으로 실천하기 위해서는 시간 사용 계획을 확실히 세우는 것이 무엇보다 중요하다.

일년 시간 사용 계획표는 새로운 한 해를 시작하는데 매우 유용한 도구다. 시작할 때 무슨 일에 집중해야 하는지를 결정할 수 있게 해주기 때문이다. 새해가 시작되면서 결심을 했지만 어디서 부터 손대야 할지 몰라 막막하던 기분을 떨쳐버리게 해줄 것이다. 일년이 너무 길다면 한달, 한달이 길다면 일주일, 일주일이 길다면 하루의 시간 사용 계획표를 만들어 보자. 그러면 하루가 다르게 보인다. 당신의 성공의 정의가 무엇이든 간에 당신을 성공하도록 할 것이다.

나중에 하겠다는 습관 고치기

성공으로 가는 가장 기본적인 자세는 지금해야 할 일은 지금 바로 하는 것이다. 일을 잘 못하거나 일의 속도가 늦은 사람은 지금해야 하는 일인데도 불구하고 바쁘다는 이유로 차일피일 시간을 미루는 사람들이다. 어차피 지금 시간이 부족하다면 나중에도 마찬가지이기 때문이다. 시간을 미루다 보면 자연적으로 미루어진 해야 할일을 잊어 버려서 못하는 경우도 있고, 시간적으로 쫓겨 대충하려는 경우가 많다. 결국은 미루는 습관 때문에 자신의 능력이 부족하거나 성실하지 않은 사람으로 인식받기 쉽다.

인맥을 활용하여 일을 나누기

일을 잘 못하는 사람일수록 자신 혼자 모든 일을 한다. 물론 개인적인 능력이 있어서 완벽하게 일은 처리할 수 있지만 신속하게 일을 처리하기는 어렵다. 그러나 능력있는 사람들은 자신의 일을 분야별로 나누어 그 분야의 전문 인력을 활용하여 일을 수행해 나간다. 나중에 일을 수합하여 정리하는 시간을 가져야 하지만 빠르고 광범위하게 진행할 수 있다는 장점이 있다.

따라서 훌륭한 리더는 자기 인맥을 잘 활용해서 자신의 일을 잘 해결하는 능력과 빠르게 할 수 있는 능력을 가지게 될 것이다.

일에 집중하기

시간 관리의 기본은 일에 대한 집중력이다. 일을 못하는 사람일수록 일에 집중하지 않기 때문에 시간도 많이 걸리지만 건성으로 하게 된다. 그러나 일을 잘하는 사람일수록 일에 집중하여 처리하므로 시간도 절약됨은 물론 일을 완벽하게 수행할 수 있다.

이런 경우 할 일 리스트를 메모하여 책상 앞에 붙여놓는 것도 좋은 방법이다. 남들이 자주 와서 방해하는 경우 붉은 깃발과 녹색 깃발을 사용하는 것도 권할 만하다. 바쁜 시간에는 붉은 깃발을 꽂아 남들에게 방해하지 말라는 표시를 하자.

어려운 일을 먼저 하기

사람들은 쉬운 일과 어려운 일이 있으면 쉬운 일을 먼저 하려는 속성을 가지고 있다. 쉬운 일을 먼저 하면 일의 속도는 붙지만 나중에 어려운 일들이 기다리고 있다는 부담감을 가지게 된다. 또한 일을 시작할 때는 저력이 충분하지만 시간이 지나면서 피로도가 증가하여 일이 잘 진행되지 않는 경우가 많다. 따라서 어려운 일을 가장 먼저 하면 여력이 남아서 쉬운 일들을 해나갈 수 있는 능력이 생긴다.

시간대를 선택하여 집중해서 일하기

일을 못하는 사람의 특징 중에 하나는 닥치는 대로 일하는 습관을 가진 사람이라고 한다. 이처럼 생각나는 대로 일하는 것은 그다지 현명한 방법이 아니다. 사람은 시간대에 따라 정신 집중이 잘되는 시간이 있다. 예를 들어 새벽에 정신집중이 왕성한 사람, 아침, 점심, 저녁, 심야에 왕성한 사람들이 있다. 정신집중이 잘된다는 것은 그만큼 일을 하는데 능률이 높은 시간이다. 정신집중이 필요한 일은 가장 능률적인 시간에 처리한다. 일의 능률이 안 오르는 시간에 정신 집중이 필요한 일을 하려고 하면 오히려 일이 잘 처리되지 않는 경우가 많다. 따라서 정신집중이 잘되는 시간을 선택하여 집중해야 하는 일을 해보자.

전화통화도 계획세우기

요즘 통신기기의 발달과 함께 전화로 많은 일들이 진행된다. 특히 핸드폰의 전국민 보급화 현상에 따라 수시로 전화가 걸려와 오히려 일을 하는데 방해가 되는 경우가 많다. 쓸데없는 전화가 오면 모든 일을 정지하고 전화만 받게 되고 손해가 이만 저만이 아니다. 따라서 일하는 도중에 전화가 오면 최소한의 통화만 하고 다시 일에 집중해야 일을 잘 진행할 수 있다. 통화를 빨리 끝내고 싶으면 앉아서 하지 말고 서서 통화해보라. 그럼 통화를 빨리 끝낼 수 있다.

중요하지 않은 일이라면 휴식시간에 모아서 전화를 해보자. 식사하러 가는 도중, 식사를 기다리는 도중, 화장실에 가는 도중, 화장실에 있는 동안 남에게 피해를 주지 않는 범위에서, 운전하는 동안 핸드프리를 이용하여 전화를 해보자. 일부러 일하는 시간을 버리고 전화를 하지 않아도 된다.

메일 읽는 시간 정하기

인터넷의 발달은 전화로 해결할 일을 메일로 하게 하고 있다. 메일은 소리로 끝나는 것이 아니고 기록으로 남는다는 장점과 함께 언제든 다양한 자료를 공유할 수 있다는 장점이 있다. 그래서 현대인은 적게는 한 개 많게는 10개 이상의 이메일을 관리하는 사람이 많다. 그러나 이메일이 많이 오는 사람은 이메일을 확인하는데 드는 시간이 만만치 않다.

이메일을 확인하는 시간이 하루에 얼마 되지 않는다고 생각할지 모르지만 전체를 모아보면 매우 많다. 따라서 메일을 확인할 때는 시간을 오전 출근해서, 점심 식사 후, 저녁에 퇴근할 때 등 3번 정도하는 것이 좋다. 또한 현재 자신의 업무와 관련된 것을 제외하고 '편지함'을 모두 비우면 중요한 정보를 관리하는데 도움이 된다.

감당할 수 없는 일은 시작하지 말기

사회의 초년생이 아니면 어떤 일이든 어느 정도의 시간이 걸릴 것이라는 감을 잡을 수 있다. 너무 많은 시간이 걸리는 일은 되도록 시작하지 않는 것이 낫다. 너무 오래 걸리는 일에 오랜 시간을 사용하는 것보다는 쉽게 할 수 있는 일을 여러가지 해내는 것이 훨씬 효과적일 때가 많다.

자신이 감당하기 어려운 일을 누군가 지시하거나 부탁했을 때는 단호하게 거절해야 한다. 괜히 인간관계 때문에 자신의 능력에 벗어난 큰 일을 하다가 오히려 지금까지의 좋은 관계에 영향을 미칠 수 있기 때문이다.

또한 하나의 일에 필요 이상의 시간이 들어가거나 앞으로도 무한한 시간을 들여야 한다는 판단이 들었을 때는 마음은 아프겠지만 이쯤에서 끝내자고 단념하는 것도 시간을 효율적으로 사용하는 방법 중의 하나이다.

반복되는 일은 단순화하기

똑 같은 일을 반복적으로 하다보면 습관이 되어 빨리 할 수 있는 일들이 많다. 그런 사람들을 생활의 달인이라고 한다. 생활의 달인들은 매일 하는 일들을 어떻게 하면 빨리할 수 있을까를 고민하였기에 가능하게 된 것이다. 자신에게 매일 반복되는 일들을 줄이거나 단순화 해 보라. 정해진 시간에 예전보다 더 많은 일을 할 수 있으며 시간이 남아 돌아 갈 것이다.

완벽주의에서 벗어나기

일을 완벽하게 하는 것은 정말 바람직한 일이다. 그러나 문제는 완벽해지기 위해서는 많은 시간이 필요하다는 것이다. 따라서 너무 모든 일을 완벽하게 진행하려면 많은 노력을 들여야 할 뿐 아니라 시간적으로도 많은 투여를 해야 한다. 그러다 보면 많은 일을 진행하기는 어렵다. 한 가지 일을 해야 할 때는 어쩔 수 없겠지만 많은 일을 해야 할 경우에는 완벽주의에서 벗어나 우선은 대충이라도 시작하여 일을 해결하려고 노력을 해야 한다. 그렇지 못하면 한 가지 일밖에는 완수하지 못하는 경우가 생길 수 있다.

심한 경우에는 그릇된 '완벽주의'가 일의 진행을 방해하는 경우가 있다. 한 가지 일에만 매달려 시간을 보내다 보면 다음 일을 추진하지 못하고, 결국에 가서는 어느 것 하나도 제대로 해내지 못하게 된다.

자리에 앉자마자 일을 시작하기

사람들은 매일 아침 회사에 출근하면 바로 일을 시작하기 보다는 인사와 함께 차 한잔으로 하루를 시작한다. 차를 마시면 오늘은 무슨 일부터 시작할 것인가? 언제 일을 마쳐야 할까? 를 고민하게 된다. 그러나 출근해서 결정하기 보다는 출근하는 도중에 오늘은 회사에서 무슨 일부터 어떻게 할까를 결정하고 출근하여 앉자마자 일을 처리할 수 있다면 자유롭게 사용할 수 있는 시간도 훨씬 많아진다.

제9장 Image
이미지가 바뀌면 성공이 보인다

이미지 메이킹 전략

사람들은 처음 만나서 약 4초라는 눈 깜박하는 사이에 얼굴 표정과 외모, 말 한마디를
통해서 상대방을 평가하게 된다. 그 이유는 얼굴 표정과 외모가 비록 그 사람의 모든 것
을 나타내거나 결정짓는 것은 아니지만 사람들은 우선 얼굴 표정과 외모를 보고 판단하
는 경향이 많고,말잘하는 사람을 환영하기 때문일 것이다.

우리는 이러한 의미에서 '패션도 전략이다.' "물건을 팔기 전에 자신을 먼저 팔아야 한다.
"라고 주장한다. 이는 바로 이미지 컨설팅이 얼마나 중요한 것이고, 우리 생활 깊숙이 침
투해 있다는 것을 알 수 있게 하는 예라 할 수 있다. 그러므로 우리는 이미지 시대에 걸
맞은 새로운 성공 전략으로 우리 자신을 이미지 메이킹해야 한다.

성공을 위한 이미지 메이킹을 위해서는 첫째는 자신의 상태를 알아야 하며, 둘째는 자신
의 장점을 개발해야 하며, 셋째는 첫인상을 좋게 해야 하며, 넷째는 좋은 표정을 짓기 위
한 방법을 실천하여야 한다.

다음은 하위요소들을 구체적으로 실현하기 위한 사항들이다.

요소	하위요소	진단 사항
이미지 메이킹	1. 자신의 이미지 상태	○ 나의 장점은 무엇인가? ○ 나의 단점은 무엇인가?
	2. 자신의 이미지 계발	○ 징점은 더욱 발전시킬 수 있는가? ○ 단점은 감출 수 있는가?
	3. 첫인상을 좋게 하는 방법	○ 나의 복장은 상황에 적당한가? ○ 나의 화장은 상황에 적당한가? ○ 나는 교양을 가지고 있는가? ○ 나의 언어구사력은 어떠한가? ○ 나는 시선처리를 어떻게 하는가? ○ 나는 인사를 잘하는가? ○ 나는 상대방을 진지하게 대하는가?

성공하려면 이미지 메이킹을 해야 한다

　인간관계가 복잡해지는 21세기는 이미지 시대라 할 수 있다. 사회에서 보다 좋은 이미지를 많이 구축하는 사람이 성공하는 사회가 이루어졌다. '이미지'의 의미는 라틴어 imago(이마고: imitari 흉내내다 + ago = 흉내낸 것)가 그 어원으로 사전적인 의미로는 형태나 모양, 느낌, 영상, 관념 등을 나타낸다. 즉 어느 대상, 특히 사람의 경우 외적인 모습, 심상, 또는 상징, 표상으로 정의할 수 있다.

　이미지는 눈에 보이지 않는 허상으로 "어떤 것을 머리 속에 재현하는 일" 이라면 "이미지 메이킹"은 어떤 목표나 상황을 이미지화하여 실제로 실현시킬 수 있게 도와주는 메커니즘이다. 즉 이미지 메이킹은 자신의 이미지를 다른 사람에게 언제 어디서든 그 상황에 필요한 사람으로 만들어 주고 그 능력을 배가시켜 주는 것이며 더 나가서는 개인의 잠재하고 있는 내면의 잠재능력을 밖으로 표출시켜 줌으로써 활동력 있고 자신감 있는 사람, 호감을 주는 상품, 조직으로 보여지게 하는 것이라고 할 수 있다.

　이미지 메이킹의 기본원리는 자신의 외적 이미지를 강화하여, 긍정적인 내적 이미지를 끌어내는 시너지효과(synergy effect : 상승효과)를 얻는 것이 이미지 메이킹의 기본 원리이다. 따라서 이미지 메이킹은 우리가 원하는 이미지를, 스스로 조절함으로서 원하는 목표에 다가가 실현되는 행복한 마음을 갖게 해준다.

매너는 어릴 때부터 굳어지는 것에 비하여 이미지는 후천적으로 개발하거나 만들어 갈 수 있다. 그러므로 우리는 이미지 시대에 걸맞은 새로운 성공 전략으로 우리 자신을 이미지 메이킹 해야 한다.

이미지가 바뀌면 인생이 달라진다

좋은 첫인상을 가진 사람에게는 다가서기가 쉽고 편하지만 첫인상이 좋지 않은 사람에게는 다가서려고 하지 않는다. 더욱이 상대방의 기억 속에서 안 좋은 사람으로 기억 될 것이다. 그러한 편견을 다시 바꾸려면 많은 노력과 시간이 필요하며 전혀 효과를 보지 못할 수 있다.

우리가 만나고자 하는 사람은 사람을 많이 만나는 사람이기가 쉽다. 사람을 많이 만나는 사람은 사람들을 하도 많이 만나서 나름대로 사람의 유형을 평가하려는 고정관념을 가지고 있다. 그래서 사원을 선발하는 면접에서는 인상학에 전공한 사람을 면접관으로 초빙하여 인재를 선발하도록 하고 있다.

우리의 표정, 복장, 태도, 용모, 시선, 자세 걸음걸이와 같은 시각적 이미지뿐만 아니라 음성, 억양, 말씨, 언어와 같은 청각적 이미지를 보고 우리를 선택하느냐 마느냐를 결정한다. 미팅이나 맞선에서도 마찬가지로 상대편은 단 4초 안에 지금까지 살아온 내 인생을 나의 이미지 하나로 결정한다.

따라서 사람들에게 쉽고 편안한 첫인상을 주기 위해 모든 사람들은 자신의 외모와 말씨 행동들을 생각해 개선점을 찾아 실천하도록 노력하여야 한다. 아주 짧은 시간에 얼마나 자신의 첫인상을 좋은 방향으로 PR할 수 있는 사람이야말로 진정한 자신의 성공을 준비하는 사람일 것이다.

　자신의 이미지는 다른 사람들의 좋은 이미지를 무작정따라 한다고
해서 자신의 이미지가 되는 것이 아니고, 억지스레 짓는 미소도 자신의
이미지가 될 수 없다. 자신의 이미지를 찾는 일은 자신의 외모 또는 성
격을 분석하여 장점을 살리고 단점을 감추려는 자신의 노력에 달려있
다.

이미지 메이킹은 모든 분야에 필요하다

이미지 메이킹은 언제나, 어디서나, 누구나 어느 분야에서나 필요한 것이다. 그 중에서도 특히 이미지 메이킹이 필요한 대상을 보면 다음과 같다.

CEO

CEO는 기업의 이미지를 대표하기 때문에 CEO의 이미지에 따라 기업의 이미지가 결정되고, 그에 따라 기업 전반에 영향을 가져온다. 신뢰할수 있고, 품위있는 리더쉽을 겸비한 CEO의 이미지는 막대한 금전이 들어가는 홍보보다 효과적으로 기업을 대변할 뿐만 아니라 기업의 매출 증대에 큰 효과를 가져온다.

비즈니스맨

비즈니스맨은 자신의 직업이나 신분, 맡은 역할에 가장 잘 어울리고, 만나는 모든 사람들에게 호감과 만족을 줄 수 있는 이미지를 나타내야 한다. 또한 상황에 따른 대화법이나 비즈니스맨의 복장, 헤어, 좋은 인상, 바른 예절, 걸음걸이 등 모두가 비즈니스맨이 갖추어야 할 자세이다.

비즈니스 우먼

현대사회에서 여성의 사회적 진출과 사회적 위치가 향상됨에 따라 좋은 이미지를 가져야 할 필요성이 증가하고 있다. 메이크업, 헤어, 패션 스타일, 상황별 대화법 등 비즈니스 우먼이 갖추어야 할 에티켓이나 예절 등 여러가지를 잘 갖추어야 한다.

전문가

전문가는 말 그대로 축적된 노하우를 바탕으로 짧은 시간 안에 자신의 이미지를 표현할 수 있어야 한다. 자신의 전문적인 직업에 어울리는 프로 이미지는 상대방에게 신뢰감을 준다.

정치인

정치에서는 당의 이미지나 국회위원 개개인의 이미지가 대중들에게 주는 영향에 따라 승부가 좌우된다. 정치인의 이미지는 국가의 이미지이자 얼굴이다. 정치인은 대중 앞에서 신뢰 할수 있고 믿음이 가는 이미지를 갖는 것이 중요하다.

첫인상으로 결과를 예측할 수 있다

많은 학자들은 사람들이 처음 만나서 약 4초라는 눈 깜박하는 사이에 표정, 복장, 태도, 용모, 시선, 자세 걸음걸이와 같은 시각적 이미지와 음성, 억양, 말씨, 언어와 같은 청각적 이미지를 통해 상대방을 평가하게 된다고 한다. 그리고 이미지를 형성하는 다양한 요소들은 변하지 않는다고 생각한다. 하지만, 사람을 만나 시간의 경과에 따라 영향을 주는 판단 요소들도 변화를 한다. 따라서 상대방에게 좋은 인상이나 강한 인상을 주기 위해서는 이미지를 형성하는 요소들을 시간이 지남에 따라 적절히 활용해야 한다.

첫인상

사람을 처음 만나게 되면 통상적으로 상대방의 표정, 모습, 인사, 자세, 동작 이미지 등 주로 외모에 의해서 상대방을 일방적으로 평가하게 된다. 이러한 처음의 평가는 아주 짧은 시간 안에 신속하게 이루어지며, 외모만을 보고 성격이나 신뢰감에 대한 연상을 일으킨다. 이렇게 굳어진 마음은 만나는 동안 상대방에 대한 긍정적, 부정적인 마음을 갖게 하여 결과에 영향을 미치게 된다.

중간인상

중간인상은 첫인상에 대한 평가에 의해 지속적인 영향을 받지만 행동과 대화를 통하여 중간인상에 대한 이미지가 바뀌기기도 한다. 만약 첫인상에 대하여 부정적인 생각을 가진 것 같이 느꼈다면 고정관념을 바꿀 수 있는 유일한 시기이다. 반면에 긍정적인 첫인상을 가졌다면 긍정적인 생각을 더욱 강화하는 시기이다.

끝인상

상대방이 긍정적인 생각을 하고 있다는 생각이 들면 의외로 소홀하기 쉽다. 끝인상은 주로 감사인사, 행동, 전화, 시선 등으로 결정된다. 따라서 끝인상은 긍정적인 중간인상을 마무리 각인시키는 과정이기도 하며 신뢰감을 형성하는 중요한 요인이 된다. 상대방은 끝인상으로 인하여 지속적인 만남을 가질 것인가를 결정하게 된다.

인상은 사람의 삶을 반영한다

의학계에서는 우리 얼굴의 근육은 뇌의 명령을 그대로 전달하며 표현한다고 한다. 사람의 표정은 무려 7천여 가지나 된다고 한다. 이것은 얼굴에 있는 40여 개의 크고 작은 표정 근육들의 움직임을 수학적으로 조합한 숫자이다. 이 표정근육이 항상 일정한 방향으로 계속 움직이면서 주름을 만드는 것이다.

그래서 부정적인 생각이나 너무 심각한 생각을 하는 사람은 인상이 어두워진다. 연구직처럼 오랫동안 한쪽으로 몰두하거나 공부를 한 사람들의 근육은 더 경직되어 학자의 얼굴이 되고. 동심을 가지고 사는 사람들은 어른이 되어서도 동안이다. 남을 괴롭히거나 폭력적인 생각만 하다 보면 범죄자의 얼굴이 된다. 어릴 때부터 못생긴 얼굴로 인해 미움을 받거나, 아름다운 얼굴을 가진 덕분에 사랑을 받아왔다면, 그 역시 성격 형성에도 중요한 영향을 끼쳐 인상에 다시 반영되어 나타난다. 이러한 이유는 뼈는 달라지지 않으나 근육의 쓰는 부위에 따라 주름살도 생기고, 살의 위치나 탄력이 달라지기 때문이다.

얼굴의 형태가 삶에 끼치는 영향을 보면 타고난 선천적인 얼굴의 형태가 20% 정도 영향을 미치며, 80%는 후천적으로 자신이 만들어 가는 얼굴에 의하여 영향을 받는다. 따라서 그 사람의 인상은 삶을 반영하는 거울이 된다. 심지어 한날 한시에 태어난 쌍둥이조차 인성에 따라 얼굴이 달라진다.

좋은 인상은 마음에서부터 시작한다

갓 태어난 아기의 얼굴은 대개 비슷하게 천진난만하고 귀여운 인상을 하고 있다. 그러나 천진난만했던 얼굴이 성숙해가면서 여러 가지 외부 환경의 자극에 의하여 정신적인 반응이 얼굴의 근육을 변화시켜 인상이 점차 변화해 간다. 따라서 우리의 인상은 선천적이라기 보다는 후천적이라 할 수 있다.

사람은 성장하면서 호감이 가는 인상이 있는가 하면 반면에 마음은 그렇지 않은데 점점 나쁜 인상을 주는 사람도 있다. 호감이 가는 인상은 세상을 살면서 인복이 있다는 말을 들을 정도로 주변의 사람들에 의하여 인생이 수월하게 풀려 가는 것을 볼 수 있다. 그러나 나쁜 인상을 가진 사람들은 자기를 기피하게 하고 하는 일마다 사람을 잘못 만나서 원하는 목표를 이룰 수 없게 된다.

그래서 링컨은 "40대가 되면 자기 인상에 대하여 책임을 지라." 는 말을 하였다. 각자의 인상은 자신의 삶을 어떤 생각을 가지고 어떻게 살았냐는 것을 얼굴이 반영한 것이라는 것이다. 인생을 살면서 긍정적으로 행복하게 산 사람들의 인상에서는 행복감과 편안함을 느낄 수 있다. 그러나 삶이 순탄하지 않은 사람들은 인상에서 그 삶의 고단함을 느낄 수 있다.

얼굴이란 한 송이 꽃과 같아서 관리하는 사람의 관리 부족으로 설령 못생긴 꽃이 피었다 하더라도 그것은 그다지 문제가 될 일이 아니다.

꽃은 시들어도 뿌리가 살아 있다면 관리를 잘해 줌으로써 다시 한 번 훌륭한 꽃을 피울 수도 있다. 그 뿌리는 인간으로 치자면 마음이다. 마음을 긍정적으로 갖는다면 뿌리에 기운을 주는 것이고 이는 그 사람의 인상을 성공하는 인상으로 변화시킬 수 있다.

따라서 나쁜 인상은 선천적으로 태어날 때부터 가지고 나오는 것이 아니라 성장과정에 부정적인 사고나 자신감의 상실로 인하여 굳어진 것이라 할 수 있다. 이제 나쁜 인상을 탓하지 말고 지금까지 살아온 삶에 대하여 부정적인 요인들을 제거하여 긍정적인 마음을 갖는 것이 중요하다. 이제부터라도 후천적인 노력을 통해 매력있는 표정과 미소를 만들어 가는 성공인으로 다시 태어나야 하겠다.

좋은 인상은
하루 아침에 만들어지지 않는다

인상을 좋게 하는 원인은 지금까지 강조했듯이 마음에서 나온다. 결국 그 원인은 주어지는 것이 아니라 자기가 만드는 것이다. 그러나 좋은 인상을 갖길 원한다. 단순히 생각 만으로만 만들어지면 세상이 인상이 나쁜 사람이 전혀 없을 것이다. 산에 오르기는 어렵지만 내려오기는 쉽지 않다.

좋은 상이 나빠지는 건 간단하지만 나쁜 상을 좋은 상으로 바꾸는 것은 결코 쉬운 일이 아니다. 그러다 보니 단시간에 좋은 인상을 만들려고 성형 수술까지 하고 있는데 좋은 인상이란 외적인 용모가 아니라 내적인 마음가짐에서 비롯되기 때문에 성형수술보다는 무엇을 생각하느냐가 그 사람의 인상을 결정한다고 할 수 있다.

좋은 인상을 가진 사람들의 공통점을 보면 좋은 것만 하려고 하고, 아름다운 것만 보려고 하고, 즐거운 것만 생각하며, 남을 사랑하고, 자신을 희생하며, 겸손하게 산다. 이렇게 긍정적으로 사는 사람의 인상이 험악할 리 없으며, 건방지고 교만할리 없다. 이처럼 인상은 습관이 만들어낸다. 인상에는 그 사람의 생각과 경험과 습관이 담겨 있다.

따라서 좋은 인상을 갖기 위해서는 생활 습관으로 굳어지기 전까지 지속적인 마음의 훈련을 통해서만 도달할 수 있다. 마음의 훈련이란 항상 좋은 것만 하고, 아름다운 것만 보려고 하고, 즐거운 것만 생각하고, 긍정적인 것을 주로 생각하는 마음 자세를 가져야 하겠다. 마음자세를 바꾸는것이 어렵다면 인상을 좋게 하는 방법으로 다음과 같은 방법도 있다.

첫째, 옷은 잘 입으면 인상을 좋게 하나 잘못 입으면 상대방의 감정을 부정적으로 만들 수 있다. 따라서 만남의 TPO(시간 장소 목적)에 맞게 옷을 입어야 한다. 때에 따라서는 과도하게 차려입는 옷차림이 어울리지 않을 수도 있다.

둘째, 우리는 눈을 마주치며 이야기하는 것이 익숙하지 않다. 상대가 윗사람이나 이성일 때는 더하다. 그러나 첫인상을 좋게 하기 위해서는 만나서 헤어질 때까지 상대방의 눈을 보며 대화해야 한다.

셋째, 만났을 때와 헤어질 때는 악수를 하면서 마음을 전한다. 악수를 할 때도 상대방의 눈을 보면서 상대방에 대한 신뢰감과 편안함을 주도록 해야 한다. 따라서 손을 잡을 때도 정성스럽게 잡고 따스한 마음이 전달되도록 3초 정도 잡는다.

넷째, 우리는 사람들과 인사할 때 무표정하게 하는 경우가 많다. 그러나 성공적인 만남을 가지려면 인사할 때나 대화할 때 자주 미소를 지어서 상대방이 호의를 갖도록 해주어야 한다.

다섯째, 짙은 화장과 진한 향수는 상대방에게 거부감을 줄 수 있다. 따라서 나만의 개성있는 모습과 체취와 잘 녹아든 은은한 향기는 남녀를 불문하고 한번 더 돌아보게 만드는 힘이 있다.

외모보다는 표정에 투자하라

혼자 타고 있는 엘리베이터 안에 험한 표정을 가진 사람이 탔다면 같이 있는 동안 두려움에 떨뿐 만 아니라 엘리베이터에서 빨리 나가고 싶은 생각이 들 것이다. 그러나 호감이 가는 표정을 가진 사람이 타면 엘리베이터가 고장나서 멈추기를 바랄 것이다.

이처럼 호감가는 밝은 표정을 가진 사람의 주변에는 사람이 모이나 나쁜 표정을 가진 사람에게는 사람을 아무리 원해도 모이지 않는다. 자연히 표정에 따라 행운의 기회도 차별적으로 적용된다.

결혼상담소를 찾는 사람들이 사진에서 배우자감을 고를 때 가장 선호하는 유형은 명랑하고 밝은 표정을 가진 얼굴이라고 한다. 아무리 잘생긴 얼굴이라 할지라도 얼굴에 그늘이 스치거나 신경질적인 표정으로 보이면 인기가 없다고 한다.

호감가는 밝은 표정은 마음가짐의 표현이기 때문에 하루 아침에 만들어질 수도 있지만 지속적으로 좋은 표정을 가지려면 날마다 자기관리가 필요하다. 좋은 표정을 위한 자기 관리는 다음과 같다.

하루의 얼굴은 전날 밤부터 만들어진다. 푹 자고 일어난 얼굴에는 건강하고 밝은 표정이 감돈다. 그러나 과음을 했거나 푹 자지 못한 얼굴은 피곤해 보이고 어둡다. 따라서 좋은 표정을 위해서는 잠을 푹 자야한다.

· 불쾌한 일을 당했거나 미워하는 사람이 생기면 잠들기 전에 마음을 정리해야 한다. 그렇지 않으면 얼굴이 굳어지게 된다. 마음을 아프게 하는 일이 있다면 부정적인 쪽보다는 희망적인 쪽으로 생각도록 한다. 예를 들면 "더 나쁜 일이 생길 걸 이걸로 때웠다."고 생각하자. 이렇게 하루하루 마음을 정리하고, 새로운 출발을 한다면 얼굴은 항상 빛이 날 것이다.

· 아침에 일어나면 우선 얼굴의 색과 윤기를 체크해야 한다. 색이나 윤기는 반드시 아침에 체크한다. 만약 얼굴에 윤기가 사라졌다면 우선 의심해야 할 것은 질병이다.

· 사람을 만났을 때는 사랑하는 사람을 대한다는 생각으로 표정을 짓는다. 애인에게 사랑받는 표정으로 상대방에게 대한다면 호감을 갖는 표정이 될 수 있다.

· 항상 긍정적인 생각을 가진다. 긍정적인 생각만 하면 자연히 표정
  에 여유가 생긴다. 표정에 여유가 생기면 상대방을 편하게 만들어
  준다.

· 항상 미소 띤 얼굴을 가진다. 우리 옛말에 "웃는 얼굴에 침 못 뱉는
  다."라는 말이 있다. 미소 앞에서는 미움도 사라지게 한다. 그리고
  주변 어른은 물론 동료, 후배들에게까지 인기가 좋아진다.

이미지 메이킹에도 전략이 있다

이미지메이킹은 선천적이기 보다는 후천적인 노력에 의하여 만들어 지는 것이다. 따라서 당신이 원하는 목표를 달성하기 위해서는 부단한 연습이 필요하다. 성공하는 이미지 메이킹을 가지기 위해서는 다음의 5단계를 거친다.

1단계 : Know yourself(자신을 알라).

성공적인 이미지 메이킹을 위해서 가장 먼저 해야 하는 것은 자신에 대하여 정확히 아는 것이다. 내가 가진 장점과 단점을 분류해서 장점 은 살리고 단점은 보완해 나가야 한다.

2단계 : Develop yourself(자신을 계발하라).

자신의 장점을 살리고 단점을 보완하면 이제 기본은 된 것이다. 이 제는 자신만이 가진 개성이나 장점을 더욱 가치있게 만들어 상대방에 게 긍정적인 관심을 갖도록 해야 한다.

3단계 : Package yourself(자신을 포장하라).

자신만의 특색있는 개성을 계발하였다면 그것이 돋보이도록 포장 하여야 한다. 복장이나 화장 등 외형적인 것부터 내면적으로 교양이나 언어 구사력에 의해서도 포장할 수 있다.

자신이 남들에 비하여 가치가 빛나게 보이다면 이제 당신을 팔 준비를 해야 한다. 자신을 팔기 위해서는 자신을 살 수 있는 상대방을 만나야 하며, 그 첫 만남에서 자신을 살 수 있도록 이미지 형성요소를 종합적으로 적절히 사용해야 한다.

5단계 : Be yourself(자신에게 진실하라).

상대방을 만나는 동안 진실하게 보여야 한다. 한 순간을 위하여 가식적인 이미지를 보인다면 상대방은 언젠가는 자신에 대한 정확한 평가를 하게 된다. 따라서 지속적으로 좋은 관계를 유지하기 위해서는 상대방을 대하는 동안 진실한 마음으로 대하여 나에 대한 신뢰감이 충분히 형성되어야 한다.

건강을 잃으면 성공의 의미가 없다

건강한 삶을 위한 전략

사람들에게 인생에서 제일 중요한 것이 무엇이냐고 물어 보면 당연히 건강이라고 한다. 그래서 돈을 잃으면 조금 잃은 것이요, 명예를 잃으면 많이 잃은 것이요. 건강을 잃으면 전부를 잃은 것이다라고 강조하면서 역시 건강이 최고라고 말한다. 건강이 최고지만 건강에만 관심을 갖다 보면 오히려 역효과를 가져오는 경우도 있다. 건강을 유지하는 방법은 꼭 정해진 방법이 있는 것이 아니라 마음의 건강으로부터 시작해야 한다.

건강한 삶을 위해서는 첫째는 자신의 건강 상태를 알아야 하며, 둘째는 몸과 마음은 분리 되었다는 것을 알아야 하며, 셋째는 건강하기 위한 상식에 대하여 알아야 하며, 넷째는 자신의 식습관을 알아야 하며, 다섯째는 스트레스에 대하여 정확히 알아야 하며, 여섯째는 스트레스를 해소하는 방법을 실천하여야 한다.

다음은 하위요소들을 구체적으로 실현하기 위한 사항들이다.

요소	하위요소	진단 사항
인간관계	1. 자신의 건강 상태	○ 나는 얼마나 건강한가? ○ 건강에 대한 나의 소신은 어떠한가?
	2. 일체유심조	○ 나는 몸과 마음을 분리하여 생각하고 있는가? ○ 나는 몸이 아플 때 마음까지 아픈 적이 있는가? ○ 나는 마음이 아플 때 몸까지 아픈 적이 있는가?
	3. 건강에 대한 상식	○ 나의 웰빙을 위해 어떤 삶을 살고 있는가? ○ 나의 현대 의학에 얼마나 의존하고 있는가? ○ 나는 셀프 힐링에 대하여 어느 정도 알고 있는가?
	4. 식습관	○ 나는 자극적인 음식을 좋아하는가? ○ 나는 인스턴트 음식을 좋아하는가? ○ 나는 병의 원인이 무엇인지를 알고 있는가?
	5. 스트레스 해소 전략	○ 나는 스트레스의 원인을 아는가? ○ 나는 스트레스의 문제점을 아는가? ○ 나는 스트레스의 해소법을 아는가?

건강을 잃으면 모든 것을 다 잃는다

사람들에게 인생에서 제일 중요한 것이 무엇이냐고 물어 보면 당연히 건강이라고 한다. 그래서 "돈을 잃으면 조금 잃은 것이요, 명예를 잃으면 많이 잃은 것이다. 그러나 건강을 잃으면 전부를 잃은 것이다." 라고 강조하면서 역시 건강이 최고라고 말한다.

그래서 그런지 요즘 사람들은 그 어느 때보다 건강에 대한 관심이 높다. 매일 헬스장을 찾아 운동을 하고 있으며, 보양식을 찾아다니며 좋은 것만 골라 먹으려고 하고 있다. 일에 몰두하는 사람을 보면 건강에 주의하라고 걱정까지 해준다.

참으로 중요한 것이 건강인데, 참으로 소홀히 하는 것도 건강이다. 평소에는 까맣게 잊어버리고 살다가 병들면 생각나는 것이 건강이고, 병원에 가면 긴장하며 생각했다가도 병원 문을 나서면 곧바로 잊어버리는 것이 건강이다. 제일 중요한 것이면서 아프지 않으면 느끼지 못하고, 바쁘면 다 잊는 것이 건강이기도 하다.

그러나 건강 건강하고 입에 달고 산다고 꼭 건강한 삶을 사는 것은 아니다. 오히려 건강에 너무 관심을 가지고 건강관리를 하였지만 일찍 사망하는 경우도 많다. 반대로 너무 바빠서 건강에는 전혀 신경을 쓰지 못하지만 건강하게 장수하는 경우도 있다. 그래서 건강이라는 것이 단순히 신체적인 건강 이외의 영향을 주는 무엇이 있다는 것을 알 수 있다.

저자는 성공을 원하는 사람들에게 자신의 목표를 달성하기 위하여 최선의 노력을 다하라고 한다. 있는 친구 없는 친구 다 만나면서 수다 떨고, 맛있는 거 골라 먹기 위해 맛있는 식당을 찾아 헤매고, 술과 노래방에서 밤을 세우는 시간이 많으면서도 성공을 원하는 사람이 있다면 성공과 거리가 먼 생활을 한다고 말해주고 싶다.

저자가 아는 성공한 사람들은 밥 먹는 시간도 잊어가면서 일을 하고 있고, 밤을 낮처럼 밝혀가면서 일하는 사람들이었다. 한마디로 건강과는 먼 생활이라 할 수 있다. 그러나 성공을 이룬 분들이 왜 그렇게 건강과는 먼 생활을 해야 할까?

사회적으로 성공한 사람들은 성공한 만큼 지위와 역할이 생겨난다. 그 지위와 역할에 따라 인간관계도 넓어지고 할 일은 더욱 많아지기 때문이다. 하루종일 먹을 거 못 먹고 일만 하는 사람과 하루종일 하고 싶은 것, 놀고 싶은 것, 먹고 싶은 것을 다 찾아 먹고 다니는 사람이 있다면 여러분들은 어떤 사람과 같이 일하고 싶을까?

그럼 건강은 어떨까? 오히려 열심히 일하는 사람은 아픈지 모르는데 오히려 노는 사람들은 매일 아픈 곳을 호소하는 경우를 자주 볼 수 있다. 물론 열심히 일해서 과로로 숨지기도 하지만, 만약 일 자체를 즐기면서 한다면 과로사가 생길 것인가에 대한 생각은 지울 수가 없다.

저자의 친구 중에 카드치는 것을 좋아하는 친구가 있다. 그 친구는 3일 내내 포카를 치라면 한자리에 앉아서 한잠도 안자고 3일 동안 포카를 친다. 그러나 1시간만 책을 읽으라면 온몸을 흔들면서 앉아 있는 것을 어렵다고 한다. 또 친구는 포카를 칠때 돈을 따면 3일을 밤새도 안피곤한데 돈을 잃으면 1시간만 쳐도 피곤하다는 것이다.

결국 건강은 마음에 있는 것이 아닌가 생각한다. 마음에서 아무리 바쁘고 밥을 먹지 못해도 즐겁다고 생각하면 몸이 건강하지만, 아무리 시간이 많고 좋은 음식을 먹어도 마음이 즐겁지 못하면 건강을 해치는 것이라는 생각이 든다.

이런 이유를 통계적으로 보면 통계청이 내놓은 "99년 한국인의 사망 원인분석'에서도 자살자는 10~30대에 집중되는 현상을 보였고 그들 세대에서 자살은 교통사고 다음의 최대 사망원인으로 나타났다. 자살자들은 젊고 싱싱하고 건강한 10대~30대 중에서 가장 많이 나오며 건강 상실이 동기가 되어 자살하는 사람은 많지 않음을 알 수 있다. 이거 좀 이상하지 않은가.

흔히 사람들은 건강을 잃으면 모든 것을 잃는다고 하고 모든 것을 잃었다면 당연히 절망하여 자살할 것 같은데 그런 이유로 인해 자살하는 사람들 보다는 건강하고 탱탱한 몸을 갖고 있음에도 살고 싶어 하지 않는 사람들이 대다수라는 사실 말이다.

건강하면 모든 것을 다 가지고 있는 것이나 다름 없는 데도 왜들 그렇게 죽으려고 하는 것일까? 몸이 건강하다고 해서 고민과 절망이 없어지는 것이 아니기 때문이다. 결국 건강은 신체의 건강과 정신적 건강이 함께 해야 건강하다는 것이다.

건강은 마음에서부터 시작한다

세계보건기구는 건강을 "신체적으로 병이 없는 상태이면서 정신적, 사회적으로도 안녕인 상태"라고 정의한다. 즉 건강한 사람은 몸과 마음이 건강해야 함을 말한다.

일체유심조(一切唯心造)란 불교 용어가 있다. 일체의 모든 것은 오로지 마음이 지어내는 것으로, 결국은 마음과 몸은 별개의 것이라는 것이다.

일체유심조와 관련해 자주 인용되는 것이 신라의 고승 원효(元曉)와 관련된 얘기다. 원효는 661년(문무왕 1) 의상(義湘)과 함께 당나라 유학길에 올라, 당항성(唐項城:南陽)에 이르러 어느 무덤 앞에서 잠을 잤다. 잠결에 목이 말라 물을 마셨는데, 날이 새어서 깨어 보니 잠결에 마신 물이 해골에 괸 물이었음을 알고, 사물 자체에는 정(淨)도 부정(不淨)도 없고 모든 것은 오로지 마음에 달렸음을 깨달아 대오(大悟)했다는 이야기이다. 원효는 그 길로 유학을 포기하고 돌아왔다.

19세기말 오스트리아의 정신과 의사 프로이드(Freud)는 정신병의 원인을 찾기 위하여 뇌를 연구하기 시작하였다. 프로이드는 정신병의 원인을 뇌 조직의 이상으로 생각하고 뇌를 연구한 것이다. 그러나 프로이드는 정신병 환자의 뇌 조직을 아무리 연구하여도 정상인의 그것과 전혀 다르지 않다는 사실을 발견하였고 그래서 그는 뇌로부터 정신병의 원인을 찾을 수 없을 뿐만 아니라 뇌로부터 의식을 찾을 수 없다는 결론을 내렸다. 그래서 프로이드는 정신질환의 원인을 다른 각도에서 찾기 시작하였는데 이러한 노력의 결과로 그는 사람의 의식은 뇌와는 별개의 것으로 존재하는 하나의 실체라는 결론을 내렸다. 다시 말하면 마음은 사람의 내부에 존재하는 하나의 실체로서 공간을 갖고 있으며 에너지처럼 역학적인 힘도 갖고 있다고 하였다.

미국의 내과 의사 도시(Dossey)는 원거리에서의 기도 치료(prayer therapy)는 매우 강력한 치료적 효과가 있다고 하였다. 도시(Dossey)는 이와 같이 원거리 기도 치료가 효과적인 이유는 마음은 뇌와는 별개로 존재하여 마음이 몸밖으로 확산될 수 있기 때문이라고 하였다.

노벨 수상자이며 오스트렐리아 신경생리학자인 존 에클스(John C Eccles)[57]는 〈뇌의 진화〉라는 저술을 통해 마음은 뇌와 독립적으로 존재하는 것이며 따라서 육체가 죽음을 당하면 마음은 육체와 영영 이별하는 것이라고 하였다. 따라서 심성의학에서는 마음은 뇌와 별개로 존재한다고 생각한다.

심성의학에서는 마음은 육체와 독립적이기 때문에 유체이탈이 가능하다고 생각한다. 유체이탈(out-of-body)이란 마음이 육체로부터 벗어나 다른 공간으로 잠시 여행한 후 제자리로 되돌아오는 현상을 말한다.

17세기 철학자 데카르트는 "인간은 정신적 실체와 물리적 실체로 이분되어 있으며, 상호작용을 하게 된다"라고 주장 하였다. 그 후로 서양 의사들은 정신과 육체의 병을 전혀 다른 것으로 보고 따로 진료하기 시작했다. 이러한 경향은 지난 1928년 플레밍이 페니실린을 발명하면서 박테리아에 의한 감염병과 같은 단순한 육체적인 질병 치료가 획기적인 발전을 하면서 더욱 짙어졌다.

결국 우리는 몸과 마음은 분리가 가능한 것인데도 불구하고 몸이 아프면 마음도 아픈 것이라고 생각하는 것은 아닌지 고민해봐야 한다. 실제로 주변을 보면 마음이 아픈 사람들은 곧 병을 얻게 되며, 아무리 건강한 사람도 오진을 해서 중병 진단을 내리면 병원에 바로 들어 눕기도 한다. 반대로 아픈데도 불구하고 너무 바쁘다 보면 아픈 것을 자기도 모르고 지나가 완치되는 일이 비일비재하다는 것을 상기해야 한다. 따라서 우리가 아프다는 것은 몸이 아픈 것이지 마음이 아픈 것이 아니라는 생각을 해보자. 그럼 여러분들은 건강한 삶을 살 수 있을 것이다.

웰빙은 건강에서부터 시작한다

웰빙! 2000년대 들어 여성들의 라이프스타일을 소개하는 여성지를 필두로 신조어로 등장한 단어다. 웰빙이라는 단어의 사전적 해석은 행복한 인류, 가정의 안녕, 바람직한 사회복지 등이다. 다시 말해서 삶의 질을 높여야 한다는 뜻을 내포하고 강조하는 용어다.

생활 수준이 향상됨에 따라 "삶의 질" 또는 "웰빙"이라는 말이 시대를 풍미하는 유행어가 되었다. 웰빙의 첫걸음은 단연 건강이다. 특히 장수 사회로 접어들면서 몸과 마음이 건강하고 젊어야 한다는 생각은 남녀노소를 불문하고 모든 사람의 관심거리이다. 지금까지는 늙지 않으려면 아주 비싸고 구하기 힘든 특별난 음식과 특별난 약을 먹어야 한다고 생각하는 사람이 많았다. 그래서 젊음을 유지하고 회춘을 바라는 것은 부자들만의 특권이라고 여겨지기도 했다.

그러나 노령화사회로 접어든 지금은 국민 모두가 오래도록 젊고 건강해야 하는 것이 사회경제적 당면 과제가 되었다. 이런 추세에 따라 누구나 쉽게 실천할 수 있는 실용적이고도 경제적인 표준 노화방지 프로그램이 절실해지고 있다.

따라서 웰빙은 말 그대로 참으로 건강한 인생을 살자는 의미다. 전형적인 현대인의 모습인 물질적 가치나 명예를 얻기 위해 앞만 보고 치닫는 삶보다 건강한 정신과 신체 조건을 갈고 닦으며 균형 있는 삶을 구현하고 실행하는 일들을 행복의 척도로 삼는 사람들의 라이프스타

일을 본받자는 말이다.

언론 매체를 통한 웰빙 붐은 마치 유행병처럼 번지면서 급속도로 퍼지게 되었고 그 리듬을 타고 국내에서는 상업적인 웰빙 요가가 등장했는가 하면 비싼 유기농 식재료를 사용한 음식만을 선호하면서 물질적 풍요와 지나치게 고급화한 미용에 대한 집착 등으로 그 의미를 왜곡되게 하는 경향도 보인다. 심지어는 웰빙을 구가하려는 사람들을 지칭하여 웰빙족이라고도 한다.

이쯤되면 웰빙에 대한 참 의미를 한번쯤 되새겨 볼만하다. 웰빙의 참 의미는 선택된 삶의 테두리 안에 가두어 놓고 즐기는 물질 만능의 세계와는 거리가 멀다. 나와 내 가족만의 행복을 추구하는 이기적이고 타산적인 생활양식이 아니다. 타인이나 사회 전체를 생각하고 자연을 가꾸고 아끼며 묵묵히 실천하는데 웰빙의 참 뜻이 있는 것이다.

경제적인 기반이 윤택한 사람들은 깨끗한 음식만을 골라 먹으면서 기(氣)를 쓰고 '웰빙'을 하고 있다. 요즘의 웰빙은 처음 웰빙이 가지고 있는 원래의 기본 정신을 해치는 것 같아 왠지 우려가 된다. 한때 강남의 로데오 거리를 누비던 "오렌지 족"이 공허한 마음을 채우고자 명품을 휘감던 것처럼 말이다.

웰빙은 단순히 몸에 이로운 것만을 찾아 잘 먹고 잘사는 인생을 뜻하는 것이 아니며 단순한 트랜드로서 만이 아닌 문화로 자리 잡아야 한다.

진정한 웰빙은 정신적으로 풍요롭고 육체적으로 건전한 삶의 문화로 자리 잡아야 한다. 진정한 웰빙은 고정관념을 깨트리는 자아의식, 긍정적인 삶의 가치관, 부드러운 몸가짐, 아름다운 미소, 함께 나누고 가꾸는 정신, 자연을 사랑하는 마음, 등에서 이루어지는 것이다.

전체 질병의 20%밖에
못 고치는 현대의학

EBS-TV를 통해 동양의학을 강의했던 한의사 "김홍경"님은 2001년 경 부터 방송을 통해서 "자신이 의사지만 의사에게만 너무 의존하지 말고 스스로 치려하는 법을 터득하라"고 하면서 의사가 병을 고치는 비율은 25% 정도밖에 되지 않고, 고치는 비율이 30%가 되면 비로소 명의(名醫) 소리를 듣는다고 하면서 스스로를 낮추는 자세를 취했는데 본받을 만한 의사의 자세라고 생각한다.

의사가 병을 고치는 비율을 저술하면서 현대의료체계의 많은 문제점을 지적했던 〈뇌내혁명〉의 저자면서 베스트셀러 작가이자 저명한 의사인 일본의 "하루야마 시게오"나 한의사"김홍경"님의 말은 일치한다.

하루야마 시게오(春山茂雄)는 그 책의 서문에서도 '오늘날 병원에서 의사가 고칠 수 있는 질병은 전체 질병의 20% 정도밖에 되지 않고, 나머지 80%는 의료비만 물 쓰듯 낭비하고 있는 실정이라고 솔직히 고백하면서 양심선언을 했다.

또한 일본의 의사 "오카다 이코"는 그 자신이 알레르기성 눈병을 방치했다가 시력을 상실하고 장님이 되면서 쓴 구구절절한 내용에서도 의사는 다만 환자를 도우는 사람일 뿐이며 암이나 난치병은 스스로의 식습관과 생활 속의 양생법이 더 중요한 것임을 책으로도 입증했고 오늘도 그를 찾는 병원의 환자들에게 스스로 양생법을 터득하라는 일을 알리는데 전체 인생을 걸고 있다.

인위적으로 만들어진 약물 등을 이용해서 외향적이면서 물리적인 힘만을 이용해서 증상만을 완화 시키는데 주력하다 보니 보이고 느끼는 그때 뿐, 원인치료 없이 오히려 약물 의존성, 습관성 중증 환자로 만들어 버리는 일을 반복하고 있는 실정이다.

결국 환자들은 증세가 더욱 악화되어 의사들이 포기하고 마는 말기 단계로 접어들 때, 여러 가지 최후수단을 동원해서 수혈, 장기 이식 수술 등을 해보지만 그것은 모든 인간이 모두 다 다른 체질과 기질과 DNA구조가 다른 우주의 섭리를 역행하는 일이며 설사 방향을 잘 잡은 치료였다고 해도 근본적인 완치와는 거리가 먼 일시적 방편일 따름이고 최후의 발악일 뿐이다.

약물 치료법이나 수술요법은, 인체의 경이로운 자연치유력을 떨어뜨려서 결과적으로 인체의 재생력과 복구 능력을 감소시키고 오히려 파괴한다는 오류를 범하는 심각한 모순점을 안고 있는 것이다.

우리는 의사들이 수술에 들어가기 전에 꼭 받아두는 "사망하거나 수술이 잘못되더라도 이의를 제기하지 않겠다."는 서약서를 기억해 두어야 한다. 이것은 무엇을 의미하는 것일까?

그것은 양의학적 치료 방법에는 위험성이 내포되어 있다는 것이고, 양의들의 입장에서도 수술은 최선의 방법일 뿐이지 반드시 올바르고 최고의 방법은 아니라는 것이다.

심하게 표현하면 의사 면허증으로 막대한 치료비를 받으면서 환자들을 부담 없이 임상실험을 하고 있다는 것이 의료계의 현실이다. 그것은 한의사도 마찬가지로 완치라는 단어조차 쓸 수가 없다. 생각해 보자! 신약이 개발되면 누구에게 임상실험을 하겠는가? 그 대상자는 오직 병원에 진료차, 치료차 입원한 환자와 그 가족들이다.

독자들은 어떤 쪽을 택하던지 자신이 감당해야하고 자신의 몸이므로 자신의 책임과 몫으로 남을 뿐이다. 국민들의 의식의 질이 이렇게 우주적인 관점으로 바뀌지 않는다면 갈수록 난치성 질병의 수는 늘어나고 그 악순환의 희생은 바로 우리 자신들에게 되돌아오는 것임을 인식해야 한다.

병은 잘못된 식습관의 결과이다

우리 생활 속의 음식물은 단순한 먹을거리를 넘어서 천혜의 자연에서 얻어지는 귀한 선물이며 그 음식물이 나쁜 물과 좋은 물을 만났을 때, 빛과 열을 만날 때, 좋은 소금과 나쁜 소금을 만날 때, 쇠붙이를 만났을 때, 프라스틱과 만났을 때, 사람의 손에 의해 조미료가 가해지고 온갖 조잡한 재료들이 합쳐져 사람의 뱃속으로 들어간다.

또한 그 사람의 의식 상태나 소화기 및 건강 상태 등이 무수한 변수를 일으키며 체질의 조화, 부조화에 따라 적정량 흡수가 되었느냐? 체내에 정체가 되었느냐? 안 되었느냐? 누구와 같이 먹고 사느냐(환경적 요인)? 등에 따라서 건강하게도, 병약하게도 만드는 주요 요인이 된다. 음식은 체질과 기질에 영향을 받고 생명현상에 막대한 영향을 끼치게 됨을 알고도, 때깔만 보고, 남이 먹으니까, 화풀이로, 배만 채우기 위해서, 그냥 심심풀이(인스턴트 식품)로, 먹었다가는 가랑비에 옷 젖듯이 여지없이 병으로 연결 된다는 사실을 인식해야 된다.

결국에 병 체질, 약 체질로 가는 길은 평소에 어느 방향으로 식습관을 들이느냐에 달려 있다는 것이다. 국어사전을 찾아보면 "습여성성(習與性成)"이라는 말이 있다. 그 말의 뜻은 습관이 오래되면 마침내 천성이 된다는 뜻이다. 올바른 습관의 "습여성성"과 나쁜 습관의 "습여성성"은 결국에는 사람을 죽이고 살릴 수도 있음을 명심해야 할 것이다.

살인마가 가지고 있는 '사이코패스'라고 하는 정신질환은 공연히 생기는 것이 아니며 부정적인 감정과 환경 속에서 체질에 맞지 않는 음식물을 섭취 하기 때문이다.

현대인들에게 지금의 모든 먹을거리는 대량생산, 대량소비의 공장 생산 체제로 만들어 진다. 과거에는 화학비료나 농약이나 수은이 함유된 제초제를 뿌리지 않고도 신선한 식품을 취할 수 있었다. 지금은 가공되어 깨끗하게 보이기 위한 정백식품을 비롯해서 화학물질로 가득한 인스턴트식품, 공장에서 만든 가공식품의 전성기로 우리들의 아이와 가족과 이웃이 비판 없이 받아들이며 먹는 형편이다.

한마디로 현대의 문명사회는 호흡하는 공기와 먹을거리까지 이루 표현하기 어려운 공해와 중금속을 머금은 채 살아가고 있다. 현대는 문명의 이기의 혜택을 받기 이전의 질병인 전염성, 세균성 등으로 거의가 외적요인에 의해서 생긴 병과는 판이하게 다른 위와 같은 식품을 섭취함으로서 인해 체내에 축적된 공해 물질로 인한 내적인 변이와 대사 장해(代謝障害)로 인한 식원병(食源病)인 것이다.

이런 여러 가지 상황으로 원인을 살펴보면 결국 현대인의 암은 대표적인 식원병(食源病)인 것이다. 암은 유전병이 아닌 일상생활에서의 식습관 등이 대단히 중요한 생활이 주는 질병이다.

식생활의 서구화, 입맛에 길들여진 편식, 야간근무를 핑계로 하는 야식, 화가 나서 먹는 폭식, 체질은 뒷전이고 흉내 내어 찾아가 먹는 미식, 이러한 식생활은 위장과 간, 췌장에 무리한 일을 하게하고 그로 인하여 그 기능이 떨어지게 되는 악순환의 연속적인 생활이다. 췌장에서 생산 분비되는 췌장 홀몬이나 효소들이 제대로 인체 내에서 작용하지 못하여 생기는 알레르기 체질을 비롯한 각종의 만성병, 암, 당뇨병, 동맥경화증, 고혈압 등의 요인임을 명심해야 한다.

건강한 삶을 유지하려면 음식이 약이 되지 않으면 더 이상의 의사가 없다는 의식동원(醫食同源)의 명언과 그 지혜를 깨우쳐야 한다.

셀프 힐링의 무한한 가능성

셀프 힐링은 약을 쓰지 않고도 충분히 자신의 속에 생리적 기능으로 생겨나는 내재되어 있는 천연적이고도 자연적인 방법을 꺼내 쓰고 그것을 유용하게 활용함으로서 순수한 몸을 만드는 것을 말한다.

우리가 흔히들 몸을 위한다는 목적으로 복용하는 보약이라도 그것의 목적이 정상기능의 수행이 아닌 그저 습관적이며 "남이 좋으니까 나도 좋겠지"라는 타성에 젖은 행위라면 더 이상 약은 약이 아니며 독이 된다. 약리학 교과서의 맨 앞장에도 "약은 독이다"라고 쓰여 있음은 약을 공부한 사람이면 다 아는 사실이다.

약은 또 다른 약을 불러들이고 끝까지 가다가 결국에는 불치병, 난치병이 걸리기 쉽다. 이럴 때 셀프힐링을 실행하게 한다면 내몸의 병은 내가 고칠수있게 된다.

원래 모든 제약은 droog라는 용어에서 유래된 건초(dry herb)라는 뜻이 담겨 있는데 약의 원래 본성은 풀잎에서 왔다. 그런데 그 약리작용과 화학구조는 서로가 유사해서 진통제인 경우에도 식물 성분에 있는 "천연 아편알카로이드"와 "합성 아편유사약"으로 구분되기는 하나 그 습관성과 의존성, 탐닉성은 금단증상이 심각한 상태로 나타나는 것만 봐도 약은 언제부턴가 우리 인간에게 그 원래 쓰임의 목적인 질병을 예방, 유지, 치료하기 위함하고는 다른 얼굴로 왜곡되게 다가와 산업화의 거대한 마의 사각지대로 왜곡되게 달려가고 있는 것이다.

해열진통제, 소화제, 수면제, 항생제, 신경안정제, 항우울제, 호르몬제, 비타민제등 약이라고 이름 붙여진 것만 해도 수백, 수천가지가 된다. 이 약들은 우리들의 입을 통과하는 경구투여용 제제가 많은데 이 약들은 우리 생체내의 간에서 대사되고 24시간~ 74 시간 까지 그 약효가 지속이 된다. 문제는 그 습관성과 부작용이며 간의 기능을 떨어뜨려 결국에는 더 이상의 약이 없을 정도의 약에 찌들린 삶을 만든다는 것이 큰 문제인 것이다.

더구나 성장기 어린이들에게 툭하면 약을 먹이는 일은 정말 삼가 해야 한다. 부모가 어릴 때 보약을 비롯해서 이런저런 약을 많이 먹였던 탓에 그 보약의 부작용으로 문제가 생기는 경우가 많다. 그래서 임신 중에는 약을 먹지 못하게 한다. 그래서인지 좀 모자라거나 너무 넘치는 행동을 하면 "저 사람 약 먹었냐?" 라는 말이 사용되고 있다.

스트레스는 만병의 근원

스트레스는 몸에 해로운 정신적·육체적 자극이 가해졌을 때 그 생체(生體)가 나타내는 반응을 말한다. 스트레스는 모든 정신적이고 육체적인 병의 근원이 되고 현대를 사는 모든 이들의 달갑지 않은 손님이기도 하다. 사회가 복잡하고 인간관계가 다양하다 보니 당연히 스트레스가 증가하고 있다.

더구나 장기화된 불황으로 인해 일상생활에서 조차 경쟁에 시달리는 지금, 대부분의 사람들에게 의욕이 넘치는 상황보다는 끊임없이 자신을 괴롭히고 지치게 만드는 일이 더 많이 생긴다. 또한 매사 긍정적으로 사는 이들도 어쩔 수 없이 스트레스를 받는 상황이 빈번히 생기기 마련이다.

특히나 최근 불어 닥친 '웰빙' 열풍으로 스트레스 해소 방법에 대한 관심이 높아지고 있다. 스트레스가 만병의 근원이라는 인식 때문에 많은 사람들은 건강한 삶을 위해서도 어떻게든 떨쳐버려야 하는 것이라 여기게 되었다.

스트레스를 해소하기 위해서는 일단 스트레스에 대한 바른 인식을 전제로 그것에 대한 이해가 우선되어야 한다. 스트레스는 환경의 변화, 신체의 변화, 마음의 변화 등이 원인이므로 살아가는 과정이 모두 스트레스의 연속이다. 하지만 적당량의 스트레스는 그 자체가 생명유지를 위해서 없어서는 안 될 귀중한 활력으로 작용한다. 물론 그 정도가 너무 커서 감당할 수 없을 때에는 충격으로 작용하고 병을 유발한다. 또 같은 스트레스라 할지라도 받아들이는 사람에 따라 좋은 방향으로 작용할 수도 있고, 나쁜 방향으로 작용할 수도 있다. 그러므로 스트레스를 원천적으로 분쇄하거나 완전히 해소하려고 하지 말고 적응하여 가면서 활력으로 삼는 것이 좋다.

삶이 지속되는 한 우리의 욕구와 생각 그리고 행동은 끊임없이 생산되고 상호작용한다. 욕구가 변화하면 생각과 행동도 변화하고, 생각이 변화하면 욕구와 행동이 변화하며, 행동이 변화함으로써도 욕구와 생각이 변화될 수 있다. 이 세 가지는 우리 자신에 의해서 지배되고 통제될 수 있는 것이다. 스트레스를 어떻게 다스리느냐에 따라 우리 삶의 질이 달라지는 것이다.

스트레스를 해소하는 방법에는 다음과 같은 방법이 있다.

스트레스의 원인을 말로 해보자.

스트레스 중에서 자신이 하고자 하는 욕구나 감정을 억눌리게 되면 발생하는 스트레스가 있다. 이러한 경우에는 자신의 억압된 감정을 말로 표현함으로 인하여 해결하는 방법이다. 예를 들면 인간관계에서 불편한 관계가 생기거나 자신이 하고자 하는 일을 억압받게 되면 스트레스가 생기는데 이때는 상대에게 무작정 신경질 내거나 화를 낸다면 일시적으로는 해소될지 모르겠지만, 분풀이 한 상대에게 미안한 감정이 생기면서 또 스트레스를 받게 된다. 따라서 적절한 시기에 상대방에게 자신의 감정을 차근차근 얘기한다면 스트레스가 감소하게 된다.

다른 일에 신경을 분산시키거나 전환시킨다.

스트레스 중에는 미래의 불안으로 인해 생기는 스트레스가 있다. 이러한 스트레스는 미래에 발생할지도 모른다는 마음의 강박관념으로 인해 생기는 것이다. 이러한 스트레스를 해소하기 위해서는 지금 나에게 주는 스트레스 원인이나 결과를 단순히 잊으면 되는 지에 대해 생각해 보고, 잊기만 하여 스트레스가 해결될 것이라면 영화를 보거나, 음악을 듣거나, 드라이브를 하면서 주의를 분산시키거나 전환시켜서 그 문제에 대한 생각을 잊게 하는 방법이다.

문제를 최대한 빨리 해결한다.

스트레스를 유발시킨 문제가 단순히 잊기만 해서 해결되는 일이 아니라면 유발 사건의 원인을 제거해야 스트레스가 풀릴 때가 있다. 이런 스트레스를 해소하기 위해서는 최선의 노력을 다하여 문제를 해결해야 한다. 매일 어쩔 수 없이 봐야 하는 사람들과의 마찰로 인한 스트레스는 "해결해야 하는데. 해결해야 하는데" 하면서 손을 놓고 있기 보다는 지금 당장 전화나 찾아가서 문제를 해결하는 것이 최선이다. 이런 스트레스는 빨리 해결할수록 빨리 해방될 수 있다.

명상, 이완, 신체운동을 한다.

특별한 이유없이 일상에서 받은 스트레스가 있다. 사람은 스트레스를 받게 되면 심신이 각성되어 몸과 마음이 흥분될 때가 있다. 불안하지도 않지만 그렇다고 마음이 편하지도 않는 상태로 조금 흥분되거나 짜증이 나는 경우가 있다. 이런 스트레스는 땀 흘리면서 운동하거나 편안하게 누워있거나 앉아서 명상하는 방법이 효과가 있다. 신체가 편안하게 이완되면 마음도 자연적으로 이완되기 때문에 명상을 하면서 신체를 이완시키면 흥분된 마음도 자연히 가라앉는다.

항상 긍정적으로 생각한다.

　특별한 외부의 영향이나 자극이 없이도 자신이 가지고 있는 부정적인 사고방식에 의해 스트레스가 쌓이는 경우가 많다. 남들은 그렇게 생각하지 않는데도 본인의 부정적인 생각이 자신을 문제가 있다고 생각하는 경우이다. 또한 어떤 문제가 생기면 그 일의 원인을 무조건 자기가 못나서 그렇다고 하거나, 자신을 음해하려는 사람 때문이라고 생각한다. 자기의 불행이 영원히 지속될 것이라고 믿게 됨에 스트레스가 생긴다. 이런 스트레스는 긍정적인 사고방식으로 바꾸어 모든 일이 잘될 것이라는 생각과 모든 사람이 나를 좋아한다고 생각하는 것이 습관화되면 스트레스는 해소되며 모든 문제도 자동적으로 해결된다.

고승덕(2003). 포기하지 않으면 불가능은 없다. 개미들출판사

김규환(2001). 어머니 저는 해냈어요. 김영사

김도연(2003). 위성DMB 산업정책과 법제. 한국언론학회 춘계학술
　　대회 발표논문

김성기 외(2002). 경영학자가 본 경영자 히딩크. 백년글사랑

김성수(2004). 윤리경영론. 삼영사

김영석(2000),.『디지털 미디어와 정보사회』, 서울 : 나남 출판사.

김용한(2004). 지상파DMB 서비스. 정보처리학회지 제11권 제5호.

김은지 · 조정식(2003). 마케팅 및 매체환경 변화에 대한 국내 매체
　　전문가 인식 및 광고회사 대응 현황 연구. 광고학연구 : 일반 제14
　　권 제2호

김종래(2005). 칭기스칸(밀레니엄맨). 꿈엔들

방주연(2006). 혈액형과 체질별 식이요법. 예신

벤자민 프랭클린 지음, 함희준 옮김(2006). 프랭클린 자서전 : 덕에
이르는길. 예림미디어

배재국(2002). 셀프힐링. 골든북

서진규(1997). 나는 희망의 증거가 되고 싶다. 북하우스

스티븐 코비(1998). 성공하는 사람들의 7가지 습관. 김영사

실리아 샌디스 외(2004). 우리는 결코 실패하지 않는다. 한스미디어

이명훈(2000). 다매체시대 매체기획 이끌 창조적 소수 길러낼 때. 광
　　고정보, 36-41.

이희상(2004). 위성DMB서비스의 사업성 : 분석과 전망

르네 마보안 · 김위찬지음 강혜구 옮김(2005). 블루오션전략. 교보문고

전도근(2003). 자격증 이야기. 일진사

전도근(2004). 명강사가 되기 위한 명강의 비법. 크라운 출판사

전도근(2004). 파워풀 프레젠테이션. 크라운 출판사

전도근(2004). 한방에 끝내는 취업전략. 크라운 출판사

전도근(2006). 돈버는 스피치 인맥맺는 커뮤니케이션. 성안당

전도근(2006). 토마토, 마늘, 녹차(3색 파워 푸드). 성안당

전도근(2006). 성공하는 나를 디자인 하는 이미지 바이블. 해피앤북스

전도근(2006). 성공하기 위한 멀티플레이어 전략. 일진사

전도근 · 강무섭(2004). 청년실업 극복을 위한 취업능력 제고 방안.
　　한국직업능력개발원

장승수(1996). 공부가 가장 쉬웠어요. 김영사

지경용(2005). DMB 서비스(차세대 디지털 컨버전스). 전자신문사

통계청(2003, 2004). 인구조사 통계자료. 통계청

한국전산원(1999). 『1999 국가 정보화백서』, 용인 : 한국전산원

한국전산원(2000). 『2000 국가 정보화백서』, 용인 : 한국전산원

히루야마 시게오(1999). 뇌내혁명. 사랑과 책

kmiway.com 9up 자기혁명

한국경영혁신컨설팅은 고객으로부터 이미 검증된 차별화된 컨설팅 전략과 기법, 그리고 고객 신뢰를 바탕으로 귀사의 영원한 6시그마경영혁신 파트너로서 직원들의 잠재능력개발을 통한 생산성 향상과 블루오션 시장을 선점할 할 준비가 되어져 있습니다.

1. 취지 및 목적

본 과정은 자신도 모르게 잠재되어 있는 자신의 재능을 적극적으로 발견하고 개발함으로써 새로운 자신감을 확보하고 강한 실천력을 획득하며 향후 비전이 있는 리더로써 갖추어야 될 역량을 스스로 확보하고 변화해가는 동기와 그 구체적 방법을 제공하고자 함.

2. 과정 개요

● 교육구분 : 사내 교육/공개 교육
● 대   상 : 간부 진급 대상자/변화관리 추진자/MOT 근무자/MBB BB GB등 프로젝트
　　　　　 Leader
● 기   간 : 3일 과정(24시간)
● 기대효과
- 자기 자신의 정체성 파악
- 자신의 잠재능력 발견 및 개발
- 비전설정/자신감 획득/실천의지 함양/스피치 능력 함양/인간관계 함양
- 변화에 대한 긍정적 인식과 스스로 변화해가는 구조 확보

3. 프로그램 일정표

시간	1일차	2일차	3일차
	프로그램	프로그램	프로그램
09:00~10:30	FIND ME! 나의 정체성 찾기	Network 인맥이 리더의 경쟁력을 좌우한다.	Time 시간관리가 성공을 단축시켜준다.
10:30~12:00	Leadership 내안에 잠든 잠재능력을 깨워라	Moral Leadership 윤리가 성공을 오랫동안 유지한다.	Image 이미지가 인생을 바꾼다.
12:00~13:00	중식		
13:00~14:50	Vision 성공하려면 가슴속에 비전의 불꽃을 태워라.	Challenge 도전이 성공을 앞당긴다.	Health 건강을 잃으면 성공의 의미가 없다.
15:00~16:50	Speech 성공하려면 커뮤니케이션 리더가 되어야 한다.	Career 성공하려면 커리어를 높여라.	- 성공로드맵 설정 - 성공로드맵 발표하기
17:00~18:00	석식		

문의 : 서울시 영등포구 여의도동 13-28 진미(동양)파라곤 726 Tel.02-783-9431, Fax.02-783-9435
　　　 http://www.kmiway.com